MOUVEMENTS ET TRANSPORTS

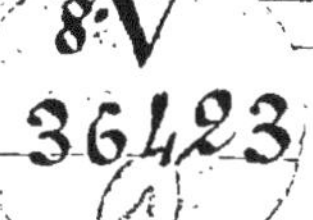

ORGANISATION GÉNÉRALE AUX ARMÉES

I

Services de l'arrière aux armées.

Volume arrêté à la date du 1er décembre 1912

PARIS

LIBRAIRIE CHAPELOT

MARC IMHAUS & RENÉ CHAPELOT, ÉDITEURS

30, Rue Dauphine, VIe (Même Maison à NANCY)

1913

100e

MOUVEMENTS ET TRANSPORTS

ORGANISATION GÉNÉRALE AUX ARMÉES

I

Services de l'arrière aux armées.

Volume arrêté à la date du 1er décembre 1912

PARIS

LIBRAIRIE CHAPELOT

MARC IMHAUS & RENÉ CHAPELOT, ÉDITEURS

30, Rue Dauphine, VIe (Même Maison à NANCY)

1913

MOUVEMENTS ET TRANSPORTS

ORGANISATION GÉNÉRALE AUX ARMÉES

*Décret portant organisation générale des services
de l'arrière aux armées (1).*

Paris, le 25 mars 1908.

Le Président de la République française,

Vu la loi du 3 juillet 1877 sur les réquisitions militaires;

Vu la loi du 28 décembre 1888 modifiant les articles 22 et suivants de la loi du 13 mars 1875 relatifs au service des chemins de fer;

Vu la loi du 20 juillet 1905 modifiant les articles 5 et 14 de la loi du 16 mars 1882 sur l'administration de l'armée;

---

(1) Mis à jour par l'incorporation dans 'e texte des modifications qui y ont été apportées par le décret du 7 mai 1908, relatif au service de la trésorerie et des postes aux armées.

Vu les décrets du 5 février 1889 relatifs à l'organisation de la commission militaire supérieure des chemins de fer, aux commissions de réseau et aux sections de chemins de fer de campagne;

Vu le décret du 4 octobre 1891 portant règlement sur le service dans les places de guerre et les villes de garnison;

Vu le décret du 28 mai 1895 portant règlement sur le service des armées en campagne;

Vu le décret du 11 février 1900 portant organisation générale des services de l'arrière aux armées;

Vu le décret du 21 février 1900 portant règlement sur les transports stratégiques par chemin de fer;

Vu le décret du 7 août 1905 portant modification au règlement du 28 mai 1895 sur le service des armées en campagne;

Vu l'instruction du 25 avril 1900 sur le service des étapes;

Vu l'instruction complémentaire du 15 mai 1900 sur le service des étapes;

Sur le rapport du Ministre de la guerre,

Décrète :

PRÉLIMINAIRES.

Les organes des services de l'arrière ne fonctionnent pas en temps de paix; ils ne sont constitués et n'entrent en jeu qu'au moment de la mobilisation. Les personnels qui les composent sont par suite peu préparés par leurs occupations ordinaires au rôle important qui leur incombera en temps de guerre.

Il est donc essentiel que les officiers, fonctionnaires et agents de tous ordres affectés aux services de l'arrière étudient et connaissent à fond les prescriptions du présent règlement.

Mais ils ne devront pas perdre de vue que les méthodes de fonctionnement qui y sont indiquées n'ont rien d'absolu.

Ce règlement n'est qu'un guide qui ne dispense personne de réfléchir, de prévoir et de vouloir; il ne saurait en aucune façon restreindre l'initiative dans le choix des moyens qui doit s'exercer dans toutes les circonstances à tous les degrés de la hiérarchie.

Pour donner satisfaction en temps opportun aux multiples besoins des troupes d'opérations, le personnel des services de l'arrière devra toujours prendre la plus large initiative dans la limite des instructions générales du commandement et provoquer plutôt qu'attendre les ordres et renseignements qui lui sont nécessaires. Il devra déployer une grande activité physique, avoir un esprit de prévoyance toujours en éveil et être pénétré du sentiment de la solidarité la plus absolue.

TITRE Ier.

Généralités.

Attributions des services de l'arrière.

Art. 1er. L'organisation et les attributions des services de l'arrière sont définies par l'article 15 du décret sur le service des armées en campagne (1), par le présent règlement et par le décret sur les transports stratégiques pour ce qui concerne plus spécialement le service des chemins de fer.

Ils sont chargés notamment :

D'amener aux armées tous les ravitaillements nécessaires;

De ramener en arrière les malades et blessés, les prisonniers, le matériel inutile, etc.;

De régler et d'assurer les transports sur les voies de communication de toute nature, de réparer ces voies, de les établir et de les garder;

De pourvoir au logement et aux besoins des hommes et des chevaux qui circulent ou séjournent en arrière des armées;

D'emmagasiner, de maintenir en bon état et de renouveler les denrées et le matériel tirés du territoire national ou obtenus sur place, pour faire face aux besoins des armées;

D'assurer la répartition et l'emploi des troupes d'étapes, le service d'ordre et de police de l'arrière;

D'administrer le territoire ennemi occupé, jusqu'à ce qu'il y ait été pourvu par des commandements territoriaux particuliers.

---

(1) Voir annexe I.

Lignes de communication.

Art. 2. Les relations et échanges entre les armées et le territoire national ont lieu par les *lignes de communication*, qui s'étendent à la fois sur la zone de l'intérieur et la zone des armées (Service en campagne, art. 15).

Les évacuations s'effectuent en général par les mêmes lignes que les ravitaillements.

Les lignes de communication sont constituées, autant que possible, par des voies ferrées qui sont prolongées, s'il y a lieu, par des routes d'étapes. Elles peuvent, éventuellement, emprunter les voies navigables.

Les principaux organes d'une ligne de communication sont :

1° Au point de vue des ravitaillements :

A) *Sur les voies ferrées :*

a) *Les gares de rassemblement*, points de réunion des expéditions en provenance ou à destination d'une même région de corps d'armée;

b) *Les stations haltes-repas*, aménagées pour l'alimentation des hommes et des chevaux en cours de route;

c) *Les stations-magasins* (1), entrepôts des approvisionnements destinés aux armées;

d) *La gare régulatrice*, sur laquelle sont dirigés tous les transports à destination ou en provenance des *gares de ravitaillement* et des *gares d'évacuation*.

e) Éventuellement, *les stations de transition*, qui séparent les sections de chemins de fer exploitées par le personnel des compagnies, des sections exploitées par les troupes de chemins de fer.

f) *Les gares de ravitaillement*, points de contact entre le service des chemins de fer et les équipages des armées (2);

g) Éventuellement les *gares origines d'étapes*, points de contact entre le service des chemins de fer et les équipages du service des étapes.

---

(1) Les stations-magasins sont reliées à des *arsenaux* et à des *gares de groupement de bétail* et des *gares de groupement de foin pressé* destinés au ravitaillement des stations-magasins.

(2) Ces gares sont également utilisées pour les évacuations quotidiennes (art. 148).

B) *Sur les routes d'étapes :*

h) Les gîtes ordinaires et les gîtes principaux d'étapes, pour les éléments qui font mouvement par voie de terre;

i) La tête d'étapes, localité la plus voisine de l'armée, où s'installe le personnel des étapes chargé de prendre le contact avec les services de l'avant;

C) *Sur les voies navigables (éventuellement) :*

j) Les ports-magasins;

k) Les ports de ravitaillement analogues aux gares de ravitaillement sur les voies ferrées.

2° Au point de vues des évacuations :

l) Les organes b) d) e) f) g) h) i) k) spécifiés ci-dessus;

m) Les gares d'évacuation choisies pour les évacuations importantes des malades et blessés, en particulier, après une bataille;

n) Les infirmeries de gare, organisées sur les voies ferrées et destinées à assurer l'alimentation des malades et blessés et à leur donner, en cas d'urgence, des soins médicaux;

o) Les gares de répartition, d'où les malades et blessés évacués sont répartis entre les divers établissements hospitaliers de chaque région d'hospitalisation.

TITRE II.

Direction de l'arrière.

Attributions générales.

Art. 3. Les services de l'arrière sont reliés et coordonnés, pour l'ensemble des armées obéissant au même commandement, par la direction de l'arrière.

L'officier général, directeur de l'arrière, est placé sous l'autorité immédiate du commandant en chef. Il entre en fonctions à la date fixée par le commandant en chef d'après les instructions du Ministre.

Le directeur de l'arrière reçoit du commandant en chef les instructions et les indications d'ensemble sur les opérations en cours d'exécution ou en projet et sur les besoins qui en résulteront pour les armées.

Dans la limite de ces instructions, il a la plus grande initiative pour le choix et l'exécution des mesures destinées à pourvoir à ces besoins.

Il exerce la haute direction du service des chemins de fer et règle par des instructions d'ensemble le fonctionnement général du service des étapes, notamment en ce qui touche les rapports des services des étapes des diverses armées entre eux et avec le service des chemins de fer.

Il adresse au Ministre de la guerre, par délégation du commandant en chef, les demandes de matériel et de personnel nécessaires et il lui fait connaître, en indiquant l'ordre d'urgence, les transports qui devront être exécutés sur les lignes de l'intérieur à destination ou en provenance des armées.

Il détermine l'emplacement des stations de transition, sur la proposition du directeur des chemins de fer.

Il prescrit ou provoque, en cas de nécessité, le déplacement, la création ou le changement d'affectation des stations-magasins et ordonne, s'il y a lieu, la formation exceptionnelle de magasins de réserve dans la zone de l'arrière.

Le directeur de l'arrière correspond directement avec les commandants d'armée. Il les informe des dispositions générales qu'il a arrêtées pour le service des chemins de fer et pour le fonctionnement d'ensemble du service des étapes. Il reçoit leurs demandes à ce sujet et leur communique les instructions qu'il adresse aux directeurs des étapes et des services des armées respectives.

Le directeur de l'arrière est secondé par un état-major dont le chef a les attributions déterminées par l'article 6 du décret du 28 mai 1895, portant règlement sur le service des armées en campagne.

Cet état-major comprend un personnel technique et un personnel militaire.

Service des chemins de fer.

Art. 4. Le directeur de l'arrière fixe les emplacements des gares régulatrices et la zone affectée à chaque commission régulatrice. Il désigne la commission régulatrice avec laquelle chaque armée devra se mettre en rapport.

Lorsqu'une ligne ou section de ligne est assignée en commun à plusieurs armées, le directeur de l'arrière détermine les conditions dans lesquelles le service des chemins de fer devra satisfaire aux besoins particuliers de chacune de ces armées et fixe, s'il y a lieu, les sections de voies ferrées auxquelles doivent aboutir les transports destinés à chaque armée.

Si les demandes des directeurs des étapes et des services dépassent les moyens dont dispose le service des chemins de fer, le directeur des chemins de fer en réfère immédiatement au directeur de l'arrière, qui prend les mesures nécessaires. Il lui en réfère également pour toute difficulté imprévue qui menace d'entraver le service.

Le directeur de l'arrière se tient en relations constantes avec le Ministre (État-Major de l'Armée) en vue d'assurer la coordination du service sur les lignes du réseau des armées et sur les lignes de l'intérieur. Ces relations sont définies par l'article 20 du décret sur les transports stratégiques.

Service des étapes.

Art. 5. On nomme *zone d'étapes d'une armée* la portion de la zone de l'arrière placée sous l'autorité du général commandant cette armée. La délimitation de cette zone est faite en tenant compte autant que possible des divisions administratives du territoire (arrondissements, cantons, communes).

D'après les instructions du commandant en chef, le directeur de l'arrière délimite, au cours des opérations, la zone d'étapes de chaque armée sur les côtés et en arrière.

En avant, la zone d'étapes de chaque armée est délimitée par le commandant de cette armée.

Le directeur de l'arrière répartit entre les armées, au cours des opérations, les réserves constituées mises à sa disposition ainsi que les troupes et les personnels d'étapes que le Ministre, sur sa demande, dirige successivement sur le théâtre de la guerre.

Il prescrit, selon les besoins et après entente avec les commandants d'armée, l'affectation à une armée des personnels et des troupes d'étapes précédemment attribués à une autre, ainsi que des ressources de toute nature momentanément disponibles ou en excédent dans la zone d'étapes d'une armée voisine.

Lorsque les lignes de communication de plusieurs armées se confondent ou s'entre-croisent, il détermine les routes d'étapes de chacune d'elles et fixe, s'il y a lieu, l'emplacement des commandements d'étapes sur les tronçons communs.

Service de la télégraphie militaire.

Art. 6. Dans un groupe d'armées toutes les questions d'ordre général intéressant le service télégraphique et téléphonique dans la zone de l'arrière (service de 2e ligne, utilisation du réseau civil et relations avec l'administration des postes et télégraphes) sont traitées par le directeur de l'arrière dont l'état-major comprend à cet effet un fonctionnaire supérieur militarisé de l'administration des postes et télégraphes.

Le directeur de l'arrière reçoit du major général notification des dispositions prises pour l'organisation du service télégraphique de 1re ligne, qui peuvent l'intéresser.

Au point de vue du service de 2e ligne, assuré dans chaque armée par les sections techniques de télégraphie, le rôle du directeur de l'arrière consiste en particulier :

A déterminer les réseaux télégraphiques et téléphoniques affectés à chaque armée;

A fixer, en cas de besoin, dans quelles limites le service des étapes pourra utiliser le réseau électrique des chemins de fer et réciproquement dans quelle mesure les sections techniques des étapes devront prêter leur concours au service des chemins de fer.

A régler, le cas échéant, l'affectation des sections techniques de télégraphie ou de détachements de ces sections à des armées autres que celle à laquelle ces sections ou détachements sont normalement affectés.

Service sur les voies navigables.

Art. 7. Le directeur de l'arrière a, dans ses attributions, la direction supérieure des transports militaires par eau dans la zone de l'arrière. Les sections des voies navigables nationales mises à la disposition du général commandant en chef sont déterminées au moment de la mobilisation par le Ministre de la guerre. Cette désignation peut être modifiée au cours des opérations, de concert entre le Ministre et le commandant en chef.

Le directeur de l'arrière dispose d'une commission de navigation de campagne chargée, sous sa haute direction, de régler tous les détails relatifs à l'utilisation militaire des voies navigables.

Si les voies navigables exploitées ne peuvent être momentanément utilisées que par une seule armée, le directeur de l'arrière peut déléguer temporairement ses pouvoirs au directeur des étapes et des services de cette armée.

Commandement territorial.

Art. 8. D'après les instructions du Ministre et dans la mesure fixée par le commandant en chef, le directeur de l'arrière définit l'action des directeurs des étapes et des services sur l'administration civile en pays ennemi et détermine leurs attributions, en ce qui concerne le commandement territorial en territoire national.

Lorsque, en deçà des zones d'étapes, la zône de l'arrière comprend des régions de corps d'armée ou des commandements territoriaux particuliers établis en pays ennemi, l'action du directeur de l'arrière est limitée, dans ces territoires, à la direction du service des chemins de fer et aux instructions générales à donner pour assurer sur les lignes de communication les mouvements de personnel et de matériel à destination ou en provenance des armées. Les officiers généraux investis des susdits commandements territoriaux sont sous l'autorité immédiate du commandant en chef pour la partie de leur territoire comprise dans la zone de l'arrière. Mais celui-ci peut, par une décision spéciale, les subordonner au directeur de l'arrière.

Dispositions spéciales à une armée opérant isolément.

Art. 9. Lorsqu'une armée opère isolément, la direction des services de l'arrière est exercée par un officier général placé sous l'autorité immédiate du commandant en chef de cette armée et qui porte le titre de directeur de l'arrière de cette armée.

Ses attributions sont, en ce qui concerne le service des chemins de fer, celles qui sont dévolues par le présent règlement au directeur de l'arrière.

En ce qui concerne les services de l'armée et le service des étapes, il réunit les pouvoirs du directeur de l'arrière à ceux du directeur des étapes et des services d'une armée.

Le service des étapes d'une armée opérant isolément fonctionne comme celui d'une armée faisant partie d'un groupe d'armées.

TITRE III.

Direction des chemins de fer.

Organisation et attributions du service des chemins de fer.

Art. 10. Le service des chemins de fer aux armées est réglé dans les conditions prescrites par la loi du 28 décembre 1888 et le décret du 5 février 1889.

Les attributions du directeur des chemins de fer et le fonctionnement général du service des chemins de fer sont définis par l'article 15 du décret sur le service des armées en campagne.

Le directeur des chemins de fer entre en fonctions à la date fixée par le commandant en chef d'après les instructions du Ministre.

Il réside en principe auprès du directeur de l'arrière.

Le décret sur les transports stratégiques (notamment titres III, IV, V et VI) donne tous les renseignements de détail concernant le fonctionnement du service des chemins de fer sur le réseau des armées.

Relations du service des chemins de fer avec le service des étapes.

Art. 11. La bonne exécution des services de l'arrière exige impérieusement une entente complète et constante entre les autorités du service des étapes et les autorités du service des chemins de fer. D'une manière générale, cette entente est établie dans chaque armée d'une part entre le directeur des étapes et des services (ou ses délégués) et la commission régulatrice en ce qui concerne le fonctionnement général du service, et d'autre part entre les commandants d'étapes et les commissions de gare pour tous les détails d'exécution.

Commission régulatrice.

Art. 12. La commission régulatrice est l'organe de chemins de fer chargé de desservir une armée en assurant, à la demande du directeur des étapes et des services de l'armée, les transports par voie ferrée nécessaires pour les ravitaillements et évacuations de l'armée. Une même commission régulatrice peut desservir plusieurs armées.

La commission régulatrice relève, suivant le cas, d'une commission de réseau ou d'une commission de chemins de fer de campagne. Dans les deux cas, son rôle est le même vis-à-vis de l'armée (ou des armées) qu'elle dessert. Ses attributions sont celles d'une sous-commission de réseau.

Elle se compose d'un commissaire militaire et d'un commissaire technique assistés d'un personnel militaire (officiers et hommes de troupe) et d'un personnel technique.

Elle siège en principe à la gare régulatrice.

Zone d'action de la commission régulatrice.

Art. 13. La commission régulatrice a, comme zone d'action, un réseau ferré dont l'exploitation lui est exclusivement confiée. Elle assure notamment le mouvement des trains de ravitaillement et d'évacuations de la gare régulatrice aux gares de ravitaillement ou inversement pour satisfaire, dans les meilleures conditions possibles, aux besoins des troupes.

Afin d'assurer, sans avoir recours à la commission de réseau (1) dont elle dépend, le service entre la station-magasin et la gare régulatrice, la commission régulatrice dispose exclusivement d'un certain nombre de trains tracés entre cette station-magasin et la gare régulatrice.

Commissions de gare (2).

Art. 14. Les commissions de gare sont les agents locaux

---

(1) Ou de chemins de fer de campagne.

(2) Le détail des attributions des diverses commissions de gare est donné par :

Le décret du 21 février 1900 sur les transports stratégiques, complété par l'instruction du 50 juin 1900 sur les commissions de gare;

L'instruction du 12 novembre 1900 relative au fonctionnement des gares de rassemblement et des stations de transition;

L'instruction du 18 août 1902 sur l'alimentation pendant les transports en chemin de fer et sur l'organisation et le fonctionnement des stations haltes-repas;

L'instruction du 50 mai 1904 sur le fonctionnement des infirmeries de gare et l'alimentation pendant les transports d'évacuation par voies ferrées.

Les attributions de l'officier supérieur *commissaire militaire de station-maga-*

d'exécution des commissions de réseau, dont elles relèvent soit directement, soit par l'intermédiaire des sous-commissions de réseau ou des commissions régulatrices.

Une commission de gare comprend un commissaire militaire et un commissaire technique (qui est en principe le chef de gare). En l'absence du commissaire militaire (ou de son adjoint), le commissaire technique exerce l'autorité dévolue au commissaire militaire.

Le commissaire militaire est commandant d'armes dans sa gare. Il est *l'intermédiaire obligé* entre les autorités militaires de passage ou en service dans la gare et le personnel des chemins de fer.

Les commissions de gare sont en rapport direct et constant avec les commandants d'étapes dont relèvent les localités desservies par ces gares.

Il est toujours établi des commissions de gare :

A la gare régulatrice;

Aux gares origines d'étapes.

Il peut, en outre, être établi, à titre temporaire ou permanent :

1° Aux gares de ravitaillement désignées pour le contact avec les équipages des troupes d'opérations (quand il n'a pas été établi de routes d'étapes);

2° Dans certaines gares situées dans la zone d'action de la commission régulatrice où l'importance des transports (embarquements, débarquements et passages) justifie leur création.

Lorsque dans une gare il n'est pas constitué de commission de gare, le chef de gare qui la représente peut demander son concours au commandant d'étapes sur le territoire duquel se trouve la gare (police, corvées, etc.).

En cas d'urgence, toute commission de gare (ou à défaut tout chef de gare) peut adresser une réquisition à un commandant d'étapes, que la gare soit ou non sur son territoire, ou à un commandant de colonne mobile (ou de détachement). Ces réqui-

---

sin sont définies, en ce qui concerne le service des étapes, par le présent règlement (art. 57).

En ce qui concerne le service des chemins de fer, elles sont données par l'instruction sur les commissions de gare et par le décret sur les transports stratégiques (notamment art. 59 et 40).

sitions doivent indiquer très nettement le but à atteindre : il appartient au commandant d'étapes ou de détachement de leur donner satisfaction dans la mesure du possible.

Garde des voies ferrées (1).

Art. 15. En territoire national, la protection des voies ferrées est assurée d'après les dispositions prévues dès le temps de paix. Le service des étapes n'intervient pour les compléter et les modifier que sur l'ordre du directeur de l'arrière, ou, en cas d'urgence, sur la demande du service des chemins de fer.

En territoire ennemi, la protection des voies ferrées incombe aux commandants d'étapes sous l'autorité des directeurs des étapes et des services ou des commandants territoriaux particuliers.

La préparation des mesures de protection est concertée entre les commandants d'étapes et les commissions de chemins de fer intéressés.

Les commandants d'étapes en rendent compte au directeur des étapes et des services.

Protection des trains (2).

Art. 16. Sur les sections de voie exposées aux tentatives de l'ennemi, les commissaires militaires de gare (ou, à leur défaut, les chefs de gare) font connaître au chef de la troupe embarquée, soit à la gare de départ, soit aux gares intermédiaires, la situation de la ligne et les renseignements recueillis. D'après ces renseignements, et si les circonstances l'exigent, le chef de la troupe prend sous sa responsabilité la direction du train; les agents techniques de l'exploitation doivent déférer à ses ordres.

Les trains de matériel reçoivent par les soins des commandants d'étapes, lorsqu'il est nécessaire, sur la réquisition des commissaires militaires, une escorte d'infanterie, groupée, autant que possible, vers la tête du train. Le chef de l'escorte prend éventuellement la direction du train comme il est dit ci-dessus.

---

(1) Voir également article 52 du décret sur les transports stratégiques.
(2) Voir également article 55 du décret sur les transports stratégiques.

TITRE IV.

Direction des étapes et des services.

Attributions générales du directeur des étapes et des services.

Art. 17. Le service des étapes est dirigé dans chaque armée par le directeur des étapes et des services de cette armée.

Ce directeur des étapes et des services est un général de division qui relève du commandant de l'armée dans les mêmes conditions que les commandants de corps d'armée (1). Il est secondé par un état-major et par les directeurs de service (2).

Le commandant de l'armée donne au directeur des étapes et des services toutes les instructions et indications qu'il juge utiles. Il lui communique, notamment, les ordres relatifs aux mouvements des troupes et des quartiers généraux. Il le tient au courant des opérations projetées.

Le directeur des étapes et des services a le devoir de provoquer, s'il y a lieu, la communication des renseignements qui lui sont nécessaires.

Dans la limite des instructions qu'il a reçues du commandant de l'armée, le directeur des étapes et des services a mission de prévoir et d'assurer les ravitaillements et les évacuations et de maintenir la liaison entre les services des étapes et les services qui marchent avec les troupes d'opérations. Il donne à cet effet ses ordres et instructions aux directeurs ou chefs de service de l'armée et aux personnels et troupes d'étapes.

Lorsqu'il estime qu'il y a lieu de prendre des mesures importantes ou des décisions de principe susceptibles d'influer sur la marche ultérieure des opérations de l'armée, il doit provoquer de nouvelles instructions à ce sujet.

Comme *directeur des étapes*, son action s'étend sur la zone d'étapes de l'armée définie à l'article 5 et sur les divers organes des étapes placés le long de la ligne de communication de l'armée.

---

(1) Article 5 du décret sur le service des armées en campagne.

(2) La dénomination de « directeur de service » est réservée aux chefs de service ayant qualité pour ordonnancer les dépenses (artillerie, intendance, génie, santé).

Il provoque la fixation de la limite avant de la zone d'étapes lorsqu'elle n'a pas été indiquée par les ordres.

En tant que *directeur des services*, son rôle consiste à exercer la haute surveillance et la direction d'ensemble de tous les services de l'armée, représentés tant dans les formations de l'avant que dans les services des étapes, à l'exception des services de l'artillerie et du génie de l'avant et du service de la télégraphie militaire de 1re ligne (1).

Il adresse aux directeurs et chefs de service des corps d'armée les instructions techniques concernant leurs services.

Le directeur des étapes et des services reçoit les propositions, demandes et comptes rendus émanant des chefs supérieurs des services de l'armée et intéressant soit les services de l'avant, soit ceux des étapes, y fait droit dans la limite de ses attributions, ou les soumet, le cas échéant, au commandant de l'armée.

Il rend compte sans délai au général commandant l'armée des mutations ou affectations qu'il prescrit ou approuve dans le personnel sous ses ordres (officiers, fonctionnaires, etc.).

Il adresse au commandant de l'armée et au directeur de l'arrière, aux dates fixées par ces autorités :

a) Un bulletin d'emplacement des troupes et services des étapes, des organes d'armée et des éléments mis temporairement sous ses ordres (2);

b) Un état récapitulatif sommaire du matériel et des approvisionnements existant dans les magasins du service des étapes (3) (art. 51).

Relations du directeur des étapes et des services avec les armées voisines.

Art. 18. Le directeur des étapes et des services notifie aux directeurs des étapes et des services des armées voisines les emplacements de son quartier général et de la gare régulatrice, ainsi que des commandements d'étapes dont le territoire est limitrophe des zones d'étapes de ces armées.

---

(1) La haute surveillance des services de l'artillerie et du génie de l'avant est exercée directement par le commandant de l'armée. Le service de la télégraphie militaire de 1re ligne fonctionne sous l'autorité directe du chef d'état-major général.

(2) Voir le modèle n° 1.

(5) Voir le modèle n° 2.

Lorsqu'une commission régulatrice dessert plusieurs armées, le directeur des étapes et des services de l'armée sur la zone de laquelle se trouve la gare régulatrice assure l'installation des commandements d'étapes que les directeurs des étapes et des services des autes armées doivent constituer auprès de la commission régulatrice.

Il règle les rapports que les divers commandants d'étapes de gare régulatrice doivent entretenir entre eux et avec la commission régulatrice, et il soumet à l'approbation du directeur de l'arrière les mesures qu'il a prises.

Pouvoirs du directeur des étapes et des services.

Art. 19. Les pouvoirs du directeur des étapes et des services à l'égard des éléments relevant normalement de son autorité sont ceux dévolus à un commandant de corps d'armée en ce qui concerne le commandement, l'administration, l'avancement et les punitions.

Il n'exerce aucun pouvoir judiciaire (art. 26).

Place de la direction des étapes et des services.

Art. 20. La place du directeur des étapes et des services et de son état-major est en principe au quartier général de l'armée.

L'emplacement du reste du personnel de la direction des étapes et des services est indiqué par le commandant de l'armée, sur la proposition du directeur des étapes et des services.

Le directeur des étapes et des services et les directeurs (ou chefs) de service de la direction des étapes et des services se transportent du reste sur tous les points où leur présence est utile.

État-major de la direction des étapes et des services (1).

Art. 21. Le chef d'état-major de la direction des étapes et des services a les pouvoirs définis par l'article 6 du décret sur le service des armées en campagne.

S'il y a lieu de pourvoir au remplacement du directeur des étapes et des services, le chef d'état-major de la direction des étapes et des services est chargé de l'expédition des affaires jusqu'à l'entrée en fonctions du nouveau directeur.

---

(1) Voir annexe II : Répartition en bureaux des officiers de l'état-major.

Ravitaillements et évacuations en général.

Art. 22. Le directeur des étapes et des services reçoit directement des corps d'armée et éléments d'armée, les demandes relatives au ravitaillement en personnel, matériel, munitions et denrées, ainsi qu'aux évacuations. Toutefois *le ravitaillement quotidien en vivres* (art. 148) s'exécute, en principe, sans demande préalable.

Le directeur des étapes et des services classe ces demandes par ordre d'urgence. Il y donne satisfaction à l'aide :

Des ressources dont il dispose dans la zone d'étapes;

Des approvisionnements entreposés dans les stations-magasins affectées à l'armée, auxquelles il adresse ses commandes d'expédition;

Des ressources de l'intérieur dont il demande l'envoi au directeur de l'arrière.

Il adresse les demandes de transport *par voie ferrée* qui en sont la conséquence, avec l'indication de l'ordre d'urgence, à la commission régulatrice desservant l'armée. Il se tient, à cet effet, en relations constantes avec cette commission régulatrice, mais il ne peut s'immiscer en rien dans le service des chemins de fer.

Lorsque le directeur des étapes et des services prévoit l'éventualité de transports de ravitaillement ou d'évacuation d'importance exceptionnelle, il avise immédiatement la commission régulatrice de la date et de l'importance probables des transports (1).

Il appartient au directeur des étapes et des services d'organiser les transports *par voie de terre*, et éventuellement, par délégation du directeur de l'arrière, les transports par *voies navigables* (titres VIII et IX).

Commandement territorial.

Art. 23. Dans la zone d'étapes, le directeur des étapes et des services exerce, en *territoire national*, tout ou partie des attributions du commandement territorial; *en territoire ennemi*, il est chargé de la direction provisoire de l'administration civile

____

(1) Article 51 du décret sur les transports stratégiques.

des pays occupés, tant qu'il n'est pas créé de commandements territoriaux particuliers.

Le directeur des étapes et des services exerce ses attributions par délégation du général commandant l'armée, et dans la limite des instructions qu'il reçoit du directeur de l'arrière (art. 8).

Elles ont principalement pour objet le maintien de l'ordre et de la sécurité, l'exercice de la police et l'exploitation des ressources locales.

Le directeur des étapes et des services exerce et délègue le droit de réquisition en territoire national et en territoire ennemi, dans les conditions prévues par les lois, décrets et règlements et par les ordres généraux de l'armée.

Il appartient en particulier au directeur des étapes et des services :

1° De prendre toutes les mesures que nécessitent le maintien de l'ordre, la police du territoire et la répression des crimes et délits commis par des militaires ou des habitants dans la zone d'étapes;

2° D'entretenir et de créer au besoin les routes, les lignes télégraphiques et les lignes postales;

3° De répartir les personnels et les troupes d'étapes et de déterminer leur emploi en vue d'assurer la surveillance et la sécurité des voies de communication de toute nature (routes, chemins de fer, voies navigables, lignes télégraphiques, postales);

4° D'exploiter les ressources locales pour renouveler et compléter les approvisionnements de l'armée dans la zone d'étapes et de créer, s'il y a lieu, des magasins dans cette zone.

En deçà de la zone d'étapes, il a qualité pour donner aux autorités territoriales, par délégation du directeur de l'arrière, soit en territoire national, soit en territoire ennemi, les instructions utiles pour assurer, sur la ligne de communication, les mouvements de personnel et de matériel à destination ou en provenance de l'armée, ainsi qu'il est dit à l'article 8.

Il n'est dérogé, dans aucun cas, aux prescriptions du décret sur le service des places, qui règlent les relations entre les commandants des armées et les gouverneurs des places et forts isolés.

Service des renseignements.

Art. 24. Un service de renseignements fonctionne à la direction des étapes et des services. En territoire ennemi, son objet consiste principalement à recueillir des indices sur l'état d'esprit des populations, sur les agissements des anciens fonctionnaires ou employés civils et des habitants suspects résidant dans la région, sur l'existence des dépôts ou magasins que l'autorité civile ou les particuliers auraient intérêt à cacher, sur les mouvements des partisans ennemis, etc.

En territoire national, le service se réduit à la surveillance des habitants suspects et des étrangers; il contribue à la police du territoire dans les conditions indiquées par le directeur des étapes et des services.

Le chef d'état-major dirige ce service d'après les instructions du directeur des étapes et des services. Il est secondé par le personnel des commandements d'étapes, et, au besoin, par un personnel d'agents spéciaux. Des fonds secrets sont mis à sa disposition.

Justice militaire.

Art. 25. La zone d'étapes relève, au point de vue de la justice militaire, du *conseil de guerre du quartier général de l'armée*, qui siège en un point de cette zone fixé par le commandant de l'armée, sur la proposition du directeur des étapes et des services.

Sont justiciables dudit conseil de guerre, les personnes appartenant aux catégories déterminées par les articles 62, 63, 64 et 77 du Code de justice militaire (1) et qui commettent un crime ou un délit dans la zone d'étapes.

Ces catégories comprennent notamment :

1° Pour tout crime et délit, les justiciables des conseils de guerre en temps de paix et les individus employés à quelque titre que ce soit dans les états-majors et dans les administrations et services qui dépendent de l'armée;

2° Les individus mentionnés à l'article 128 comme justiciables des prévôtés, pour toutes les infractions qui échappent à la compétence de celles-ci;

3° En territoire ennemi, tout individu prévenu d'un des cri-

____

(1) Loi du 9 juin 1857.

mes et délits prévus par le titre II du livre IV du Code de justice militaire;

4° Sur le territoire français en présence de l'ennemi, tout étranger prévenu d'un des crimes et délits prévus par les articles 204 à 266 du Code de justice militaire et tout individu prévenu d'un des crimes ou délits prévus par les articles 204 à 208, 249 à 254 du même Code;

5° Tout complice d'un justiciable de conseil de guerre aux armées, s'il est étranger, ou s'il s'agit de crimes ou délits commis à l'armée, en pays étranger ou sur le territoire français en présence de l'ennemi.

Est également justiciable des conseils de guerre aux armées, en vertu de l'article 21 de la loi du 2 juillet 1877 sur les réquisitions militaires, tout individu qui abandonne le service pour lequel il est requis.

De plus, si l'armée se trouve sur un territoire français en état de siège, la juridiction des conseils de guerre peut s'étendre, conformément à la loi du 9 août 1849, à tous les crimes et délits de droit commun, quels qu'en soient les auteurs, commis contre la sûreté de l'État et contre l'ordre et la paix publics.

De même, en territoire ennemi, les conseils de guerre aux armées peuvent, conformément aux règles du droit international, se substituer aux tribunaux ordinaires du pays pour juger tous les crimes et et délis de droit commun de nature à compromettre les intérêts ou la sûreté de l'armée.

Toutefois, les crimes ou délits commis en territoire ennemi par des habitants et non préjudiciables aux intérêts de l'armée peuvent être laissés au jugement des tribunaux ordinaires.

Plaintes en conseil de guerre.

Art. 26. Le directeur des étapes et des services n'exerce aucun pouvoir judiciaire (art. 19).

Il centralise les plaintes émanant :

1° Des commandants d'étapes, des commandants de troupes ou de détachements, des directeurs et chefs de service, relevant normalement de son autorité;

2° Des commandants des troupes de passage et des troupes de chemins de fer qui se trouvent dans sa zone d'étapes.

Il saisit de ces plaintes le général commandant l'armée, qui prononce sur la mise en jugement.

Lorsque la zone des armées s'étend sur des régions ou sub-divisions de région de corps d'armée placées sous les ordres du commandant en chef, les conseils de guerre permanents de ces circonscriptions conservent leur action sur les personnels et services du territoire dont le commandement reste délégué au général commandant la région.

De plus, ces conseils peuvent, tant que les conseils de guerre d'armée n'ont pas été créés, exercer leur juridiction sur les troupes d'opérations (art. 42 du Code de justice militaire).

Le général en chef peut également, après l'entrée en fonctions des conseils de guerre d'armée, laisser dans le ressort des conseils de guerre du territoire, tout ou partie des troupes et services de l'arrière. Dans ce cas, le commandant du territoire est saisi, par les directeurs des étapes et des services, des plaintes émanant des chefs de corps ou de service des étapes et reçoit directement les plaintes des commandants des troupes ne relevant pas des directeurs des étapes et des services.

Administration civile en territoire ennemi.

Art. 27. L'administration civile du territoire ennemi a pour objet principal la police et le maintien de l'ordre, l'exploitation méthodique des ressources du pays, enfin le recouvrement des contributions en argent et en nature.

Elle est placée sous la haute direction du directeur des étapes et des services qui détermine son organisation en se conformant aux instructions du directeur de l'arrière (art. 8).

Le directeur des étapes et des services donne des ordres en conséquence aux commandants d'arrondissements d'étapes et aux commandants d'étapes et met à leur disposition, s'il y a lieu, des fonctionnaires ou agents civils pris dans le personnel dont il dispose.

En principe, l'organisation des services publics et leur fonctionnement sont conservés, mais on révoque tous les employés qui paraissent suspects. Les autorités locales sont confirmées dans leur emploi, et celles qui ont disparu ou qui sont suspectes sont remplacées par des personnes notables du pays.

Une surveillance particulière est exercée sur les correspondances. Il ne peut être publié aucune feuille publique sans l'autorisation du directeur des étapes et des services et le visa des commandants d'étapes.

TITRE V.
Service des étapes.

CHAPITRE Ier.

PERSONNELS, ORGANES ET APPROVISIONNEMENTS MIS A LA DISPOSITION DU DIRECTEUR DES ÉTAPES ET DES SERVICES.

Art. 28. Le directeur des étapes et des services dispose pour le fonctionnement du service :

a) Des organes d'exécution des divers services d'étapes (grand parc d'artillerie, parc de génie, etc.);

b) Des troupes d'étapes;

c) Du personnel des commandements d'étapes;

d) Des organes d'armée (art. 34);

e) Éventuellement, d'un personnel civil d'administration et de police;

f) Des approvisionnements des stations-magasins affectées à l'armée.

Sous les réserves prévues à l'article 72 du présent règlement, le directeur des étapes et des services règle l'emploi et la répartition des personnels, troupes et formations d'étapes mis à sa disposition.

Éléments placés temporairement sous les ordres du directeur des étapes et des services.

Art. 29. Le commandant de l'armée peut placer temporairement certains éléments de l'armée ou des corps d'armée sous les ordres du directeur des étapes et des services. Ce dernier en règle les mouvements et, éventuellement, l'emploi, de manière que les éléments ainsi placés sous ses ordres puissent rejoindre le plus rapidement possible les points désignés par le commandant de l'armée.

Services d'étapes.

Art. 30. Les divers services d'étapes sont :

Le service de l'artillerie;

Le service du génie;
Le service de la télégraphie;
Le service de l'intendance;
Le service de santé;
Le service de la prévôté;
Le service vétérinaire;
Le service de la trésorerie et des postes.

Pour les services précités, sauf ceux de l'artillerie, du génié et de la télégraphie (art. 17), les fonctions de directeur et chef supérieur de service des étapes sont exercées par les directeurs ou chefs des services de l'armée.

Personnel des commandements d'étapes (1).

Art. 31. Le personnel des commandements d'étapes comprend :

a) Des officiers supérieurs et des officiers subalternes destinés à être employés soit comme commandants d'étapes, soit comme adjoints à ces commandants;

b) Des officiers, assimilés, agents et employés des services énumérés à l'article 30, chargés du fonctionnement de ces services dans les commandements d'étapes;

c) Des personnels troupes, comprenant : une compagnie du train des équipages (chargée de fournir les cadres d'embrigadement des convois, des conducteurs de voitures, des soldats ordonnances), un détachement de force publique, des secrétaires, etc.

Les personnels des catégories a) b) c), ci-dessus, appartiennent généralement à la réserve ou à l'armée territoriale, éventuellement à l'armée active.

Troupes d'étapes.

Art. 32. Les troupes d'étapes comprennent des unités constituées de troupes de toutes armes (bataillons, escadrons, batteries, compagnies du génie, compagnies du train), appartenant généralement à l'armée territoriale, et des sections techniques de télégraphie.

---

(1) Voir annexe III.

Affectation des personnels et troupes d'étapes.

Art. 33. Les différents personnels et les troupes d'étapes de première formation sont affectés par le Ministre, dès le temps de paix, à une armée déterminée.

Quand il est nécessaire, le directeur des étapes et des services demande au directeur de l'arrière l'envoi de personnel et de troupes d'étapes complémentaires. Le directeur de l'arrière donne satisfaction à ces demandes dans les conditions prévues à l'article 5 du présent règlement.

Organes d'armée.

Art. 34. Les organes d'armée comprennent en principe :

Le convoi administratif d'armée (1);

Le parc de bétail d'armée;

La boulangerie d'armée (2);

Les hôpitaux de campagne d'armée;

Les hôpitaux d'évacuation.

Personnel civil.

Art. 35. Le personnel civil d'administration et de police prévu à l'article 28 est mis, s'il y a lieu, à la disposition du directeur des étapes et des services au cours des opérations, sur la demande qu'il en fait au directeur de l'arrière.

Stations-magasins.

Art. 36. L'organisation, le rôle et l'affectation des stations-magasins sont définis par le décret sur les transports stratégiques (3).

Les stations-magasins situées en dehors de la zone d'étapes relèvent administrativement des services du territoire; celles situées dans cette zone relèvent des services de l'armée.

Dans chaque station-magasin sont organisés une boulangerie et un entrepôt de bétail. Elles contiennent, en outre, des appro-

---

(1) Le convoi administratif d'armée se compose d'un nombre de sections variable avec le nombre des corps d'armée composant l'armée.

(2) La boulangerie d'armée est composée d'un certain nombre de boulangeries de campagne avec leurs convois.

(3) Article 20 et articles 37 à 42.

visionnements du service des subsistances et du service de l'habillement et du campement (1).

Une au moins des stations-magasins de l'armée reçoit aussi
des approvisionnements des services de l'artillerie, du génie, de
la télégraphie et du service de santé.

Tous les approvisionnements réunis dans une station-magasin sont à l'entière disposition du directeur des étapes et des
services de l'armée à laquelle elle est affectée, que cette station-
magasin soit située dans la zone de l'intérieur ou dans la zone
des armées.

Commissaire militaire de station-magasin.

Art. 37. Chaque station-magasin est placée sous le commandement d'un officier supérieur, de préférence du grade de lieutenant-colonel ou colonel, qui est en même temps commissaire
militaire de gare. A ce dernier titre, il relève du service des
chemins de fer (art. 14).

En ce qui concerne le service des étapes, il relève du directeur des étapes et des services de l'armée à laquelle la station-
magasin est affectée. Lorsque la station-magasin est dans la
zone d'étapes, il est en même temps commandant d'étapes.

Le commissaire militaire de la station-magasin est commandant d'armes en ce qui concerne la gare et les établissements
civils ou militaires qui constituent la station-magasin; il est
également commandant d'armes dans la localité lorsqu'il n'y a
pas de garnison.

Le commissaire militaire reçoit :

1° Du directeur des étapes et des services :

a) Des instructions générales pour l'exécution des ravitaillements et des évacuations de l'armée. Ces instructions visent
notamment le ravitaillement quotidien en vivres (art. 148);

b) Des commandes d'expédition pour les ravitaillements éventuels (art. 149);

2° Du commandant d'étapes de la gare régulatrice, agissant
par délégation du directeur des étapes et des services, des avis
modifiant la composition (nature et quantités de denrées) des

---

(1) Pour le fonctionnement du service de l'intendance dans les stations-magasins, voir articles 103 et 104.

envois de vivres à faire quotidiennement de la station-magasin sur la gare régulatrice (art. 65 et 106);

3° De la commission régulatrice, toutes les indications nécessaires relativement aux trains à mettre en circulation entre la station-magasin et la gare régulatrice (art. 13).

Il transmet les commandes ou avis relatifs aux expéditions aux chefs des différents services intéressés et prend avec le chef de gare toutes les dispositions pour assurer les transports.

Il notifie aux chefs de service les conditions et heures de chargement et de déchargement des wagons, les heures de départ ou d'arrivée des trains et les mesures de détail complémentaires que ces opérations nécessitent (corvées, etc.).

Service intérieur des stations-magasins.

Art. 38. Le commissaire militaire n'a pas à intervenir dans les opérations techniques d'entretien, de renouvellement ou de transformation des approvisionnements, mais il doit veiller à l'exécution de toutes les mesures destinées à satisfaire aux besoins de l'armée et se tenir constamment au courant des expéditions faites par la station-magasin ou y arrivant, afin d'éviter les encombrements.

A cet effet, il reçoit chaque jour des chefs de service de la station-magasin la situation sommaire du matériel de leur service et il doit être avisé par eux des demandes de réapprovisionnements qu'ils adressent aux établissements de l'intérieur. Ce réapprovisionnement est assuré d'après les instructions du Ministre ou du commandant en chef, suivant que la station-magasin est située sur le réseau de l'intérieur ou sur le réseau des armées.

Comme commissaire de gare (art. 14), le commissaire militaire de station-magasin est l'intermédiaire obligé entre les chefs de service et le service des chemins de fer, aussi bien pour les transports que pour l'utilisation des locaux de la gare.

Lorsque les locaux affectés à un service deviennent insuffisants, le commissaire militaire, après entente avec le commandant d'armes ou la municipalité de la localité, fait mettre des locaux supplémentaires à la disposition du chef de service intéressé.

CHAPITRE II.

ORGANISATION DU SERVICE DANS LA ZONE D'ÉTAPES.

Entrée en fonctions du directeur des étapes et des services.

Art. 39. Le directeur des étapes et des services entre en fonctions à la date fixée par le commandant de l'armée après entente avec le commandant en chef.

Il se met aussitôt en relations avec la commission régulatrice chargée de desservir l'armée, installe un commandement d'étapes dans la localité voisine de la gare régulatrice (art. 40) et donne un ordre général pour l'exécution du service du ravitaillement et des évacuations sur la ligne de communication. Cet ordre fait connaître notamment : la nature et la quantité des approvisionnements qui doivent entrer dans les trains de ravitaillement quotidien, l'importance et l'espèce des approvisionnements qui doivent toujours exister à la gare régulatrice ou au commandement d'étapes de gare régulatrice, la nature et la quantité des denrées à expédier journellement de chaque station-magasin sur la gare régulatrice, la proportion journalière dans laquelle la boulangerie d'armée concourra à la fabrication du pain, la répartition initiale des hôpitaux d'évacuation, l'organisation des liaisons télégraphiques, etc., etc.

Le directeur des étapes et des services notifie cet ordre général aux commissaires militaires des stations-magasins affectées à l'armée et à la commission régulatrice.

Il le communique au directeur de l'arrière et au commandant de l'armée, en même temps qu'il leur rend compte de son entrée en fonctions.

Dès son entrée en fonctions, le directeur des étapes et des services prend les dispositions nécessaires pour l'installation des éléments qui lui sont subordonnés, ainsi que leur ravitaillement et l'évacuation de leurs malades.

Création de commandements d'étapes.

Art. 40. Pour assurer l'exécution des ordres qu'il donne, tant au point de vue de l'occupation du territoire que de la liaison à maintenir entre l'armée et l'intérieur, le directeur des étapes et des services organise des commandements d'étapes.

L'ordre en vertu duquel un commandement d'étapes est constitué doit indiquer le siège de ce commandement, définir son territoire, ainsi que son rôle particulier, et déterminer, d'après les circonstances, la composition et l'effectif des personnels et troupes qui lui sont affectés.

Dans les commandements d'étapes touchant aux voies ferrées, le service des étapes peut, dans certains cas particuliers, être confié, à défaut de commandant d'étapes, au commissaire militaire de la gare. Celui-ci relève alors, au point de vue du service des étapes, de l'autorité d'étapes du territoire sur lequel la gare est située.

Pour l'organisation des commandements d'étapes, le directeur des étapes et des services dispose du personnel des commandements d'étapes et des troupes d'étapes (art. 31, 32, 33). Une partie de ces personnels et troupes sont transportés à la gare régulatrice dès le début des opérations.

Afin d'assurer, au point de vue du service des étapes, les ravitaillements et les évacuations entre la gare régulatrice et les gares de ravitaillement, le directeur des étapes et des services organise, dans la localité voisine de la gare régulatrice, un *commandement d'étapes de gare régulatrice* (art. 65).

En principe, les fonctions de commandant d'étapes de gare régulatrice sont remplies par un officier supérieur du service d'état-major.

Suppression des commandements d'étapes.

Art. 41. Lorsqu'un commandement d'étapes n'est plus utile, le directeur des étapes et des services en prescrit la fermeture et assigne une destination au personnel, aux approvisionnements et aux archives.

Réserves des personnels et troupes d'étapes.

Art. 42. Les personnels de commandements d'étapes qui ne sont pas affectés à des commandements constituent une réserve dans laquelle, au cours des opérations, le directeur des étapes et des services fait rentrer les personnels dont la mission est terminée. Cette réserve est placée sous les ordres de l'officier le plus ancien dans le grade le plus élevé.

Cet officier met à la disposition du commandant d'étapes de gare régulatrice le personnel qui lui est demandé par ce dernier pour le service des gares de ravitaillement (art. 154), pour l'exécution des instructions qui lui ont été données par le directeur des étapes et des services.

Les troupes d'étapes non affectées à des commandements constituent également une réserve avec laquelle le directeur des étapes et des services forme, le cas échéant, des colonnes mobiles, renforce ou relève les troupes employées dans les commandements.

Le directeur des étapes et des services règle la répartition de ces réserves entre les emplacements qu'il leur assigne (gare régulatrice, origine d'étapes, tête d'étapes, etc.), de façon à faciliter l'exécution du service.

Organisation des routes d'étapes.

Art. 43. Les routes d'étapes, qui servent de liaison entre les corps d'armée et les voies ferrées, sont constituées progressivement derrière l'armée, de façon à maintenir le contact entre les services de l'avant et les services de l'arrière. Exceptionnellement (notamment dans le cas d'une interruption subite de la voie ferrée) leur organisation peut être créée de toutes pièces.

Il peut être installé une ou plusieurs routes d'étapes pour chaque armée.

Quand il y a nécessité d'organiser des routes d'étapes dans la zone d'étapes affectée à l'armée, le commandant de cette armée en arrête le tracé général et l'affectation et avise le directeur de l'arrière.

Le directeur des étapes et des services, après s'être concerté avec la commission régulatrice au point de vue des facilités du service des chemins de fer, fixe les *gares origine d'étapes* et installe en ces points des commandements d'étapes d'origine d'étapes.

Le directeur des étapes et des services fixe les détails d'organisation des routes d'étapes : il désigne sur ces routes, à des distances d'une journée de marche au plus, les localités qui constitueront les *gîtes d'étapes* pour les éléments qui font mouvement par voie de terre, et y installe des commandements d'étapes.

Lorsque la route d'étapes s'allonge, le directeur des étapes et des services installe des *gîtes principaux d'étapes;* ces gîtes principaux sont distants entre eux de trois ou quatre étapes.

La localité la plus voisine de l'armée où s'installe le personnel chargé de prendre le contact avec le service des corps d'armée est dénommée *Tête d'étapes.* Le personnel dont il s'agit constitue le commandement d'étapes de tête d'étapes.

Quand la tête d'étapes est déplacée, le commandement d'étapes se transporte, avec tous ses organes de fonctionnement, dans la nouvelle localité désignée. La localité abandonnée par ce commandement devient généralement gîte d'étapes (art. 68).

Le directeur des étapes et des services rectifie au besoin l'itinéraire jalonné par les emplacements successifs de la tête d'étapes, en tenant compte de la valeur du réseau routier, des ressources locales et de la direction de marche de l'armée.

Si les ressources locales ou l'intensité des mouvements exécutés sur la route d'étapes l'exigent, le directeur des étapes et des services augmente le nombre des gîtes d'étapes.

Pour l'organisation des *transports sur routes,* le directeur des étapes et des services dispose de convois attelés ou automobiles (convois auxiliaires, convois éventuels, etc.) (art. 176).

Arrondissements d'étapes.

Art. 44. Le directeur des étapes et des services peut grouper plusieurs commandements d'étapes pour former un arrondissement d'étapes dont il détermine le territoire et l'organisation.

La création des arrondissements d'étapes a pour but de décentraliser le service dans la zone d'étapes, en laissant aux commandants de ces arrondissements le pouvoir et les moyens de donner satisfaction à certaines demandes des commandants d'étapes relevant de leur autorité.

Le commandement d'un arrondissement d'étapes est assuré par le commandant d'étapes de la localité, chef-lieu de l'arrondissement d'étapes.

Le commandant d'arrondissement a autorité sur les commandants d'étapes de son ressort; il centralise leur service, reçoit leurs rapports et adresse au directeur des étapes et des services des rapports périodiques.

Lorsque des routes d'étapes ont été organisées, les gîtes principaux d'étapes sont, en principe, chefs-lieux d'arrondissements d'étapes. Les gîtes qui en dépendent prennent le nom de gîtes ordinaires.

Dépôts d'hommes et de chevaux.

Art. 45. Le directeur des étapes et des services reçoit des commandants de corps toutes les indications utiles au sujet des malades et éclopés et des chevaux indisponibles laissés par les/ corps, quand l'armée poursuit sa marche en avant.

Au fur et à mesure des besoins, il organise des *dépôts de convalescents et éclopés* (art. 120) et des *dépôts de chevaux malades ou blessés* (art. 134).

Ces dépôts sont formés en groupant, s'il y a lieu, les dépôts d'éclopés ou les dépôts de chevaux laissés par les corps d'armée.

Les premiers reçoivent en outre :

a) Les hommes ne pouvant plus être maintenus dans le rang, mais susceptibles d'être renvoyés à l'armée dans un court délai, et qui sont évacués directement des corps d'armée sur les dépôts;

b) Les hommes sortis des hôpitaux, mais dont l'état exige des soins, et qui ne peuvent, par suite, être renvoyés à leur corps immédiatement.

Le directeur des étapes et des services relève, le plus tôt possible, au moyen de ses propres ressources, le personnel laissé dans les dépôts par les troupes d'opérations et le dirige sur les corps d'armée auxquels il appartient.

Dans chaque dépôt le commandement est confié, autant que possible, à un officier assisté d'un personnel nécessaire pour la surveillance et l'administration.

Cet officier est désigné par le directeur des étapes et des services ou, à défaut, par le commandant d'étapes sur le territoire duquel se trouve le dépôt (art. 49).

Magasins, parcs de bétail, dépôts de matériel et munitions, ateliers.

Art. 46. Des magasins, dépôts de matériel, etc., sont créés sur l'ordre du directeur des étapes et des services, d'après les propositions des directeurs ou chefs de service.

Ces établissements sont installés généralement aux commandements d'étapes points principaux de la ligne de communication : gare régulatrice, origines d'étapes, gîtes principaux d'étapes, têtes d'étapes.

Ils comprennent en particulier :

1° Des *magasins du service de l'intendance*, constitués soit avec les ressources de l'exploitation locale, soit avec des envois de l'arrière, soit avec les vivres des convois quotidiens qu'on aurait été dans l'obligation de décharger.

Quand il n'a pas été organisé de routes d'étapes, il n'est constitué, en principe, que des magasins de peu d'importance dans certains commandements d'étapes, pour les besoins des éléments d'étapes.

Lorsqu'il a été établi des routes d'étapes, l'impossibilité de donner rapidement satisfaction aux demandes de ravitaillement et la lenteur des transports sur les routes d'étapes amèneront à créer des magasins qui permettent suivant le cas, de livrer un supplément de vivres demandé ou d'emmagasiner momentanément des denrées en excédent;

2° Des *centres de fabrication de pain;*

3° Des *parcs de bétail* constitués et recomplétés par l'entrepôt de station-magasin ou par les ressources locales;

4° Des *magasins du service de l'artillerie*, destinés à recevoir :

a) Le matériel, les armes et les munitions pris sur l'ennemi, recueillis sur le champ de bataille ou provenant, soit du désarmement les habitants, soit des hommes décédés ou entrés aux hôpitaux;

b) Les munitions en excédent apportées par les détachements envoyés de l'intérieur à l'armée;

5° Des *dépôts de munitions*, organisés sur les routes d'étapes, lorsque, par suite du développement de ces routes, il devient nécessaire de réunir des quantités assez considérables de munitions dans le voisinage de l'armée;

6° Des *ateliers pour les petites réparations* au matériel d'artillerie et au matériel roulant;

7° De *petits dépôts de matériel télégraphique*, constitués soit avec du matériel expédié de la station-magasin, soit avec du matériel provenant de relèvement de lignes ou de suppression de bureaux, soit par des achats (art. 89);

Etc.....

Évacuation du matériel.

Art. 47. Afin d'éviter l'encombrement des magasins créés dans la zone d'étapes pour recevoir le matériel détérioré ou en excédent, le matériel susceptible d'être utilisé immédiatement ou après avoir subi de légères réparations doit seul être conservé dans ces magasins.

Aucun atelier de grosses réparations ne doit être installé dans la zone de l'arrière.

Le matériel qui ne peut être utilisé qu'après avoir subi de grosses réparations et les quantités de matériel dépassant une fixation déterminée par le directeur des étapes et des services doivent être immédiatement renvoyés soit sur les stations-magasins, soit sur les arsenaux de l'intérieur.

Le matériel complètement inutilisable est ou vendu ou détruit.

Cas d'une rencontre.

Art. 48. Quand une rencontre peut être prévue, le directeur des étapes et des services prend ses dispositions pour préparer et faciliter les ravitaillements et les évacuations et prévient en particulier la commission régulatrice.

Après une rencontre, il s'efforce, tout en accélérant les ravitaillements, de relever le plus tôt possible les formations sanitaires et les détachements des corps d'armée momentanément immobilisés. Dès que l'ordre lui en est donné, il prend possession du champ de bataille et y constitue un ou plusieurs commandements d'étapes de champ de bataille (art. 70).

CHAPITRE III.

COMMANDEMENTS D'ÉTAPES (1).

I.— *Dispositions communes à tous les commandements d'étapes.*

Attributions générales d'un commandant d'étapes.

Art. 49. Le commandant d'étapes a les attributions d'un com-

---

(1) Voir, annexe III, le tableau récapitulatif des personnels des commandements d'étapes.

mandant d'armes vis-à-vis des troupes et personnels des divers services stationnés ou passant sur son territoire.

Il est chargé de la police et du maintien de l'ordre; il lui appartient d'assurer le logement et l'alimentation des troupes stationnées ou passant sur son territoire, de veiller à la sécurité sur toutes les voies de communication traversant sa circonscription et au bon entretien des routes.

Le commandant d'étapes exerce les pouvoirs judiciaires d'un colonel dans son régiment, s'il est officier supérieur, et d'un capitaine commandant de détachement, s'il est officier subalterne.

Il est chargé de l'organisation de détail et du fonctionnement des dépôts de convalescents et éclopés et des dépôts de chevaux malades ou blessés créés par le directeur des étapes et des services sur le territoire de son commandement (art. 45, 120 et 134).

Dans chaque commandement d'étapes où il ne réside pas de fonctionnaire de l'intendance, le commandant d'étapes est le suppléant de ce fonctionnaire.

En pays ennemi, il dirige, s'il y a lieu, l'administration civile en se conformant aux instructions du directeur des étapes et des services.

Lorsqu'un commandement d'étapes est créé, en territoire national, dans une ville ouverte de garnison, le directeur des étapes et des services règle par délégation (art. 23) les attributions respectives du commandant d'armes et du commandant d'étapes d'après les principes généraux qui suivent :

Si le commandant d'étapes est d'un grade plus élevé que celui du commandant d'armes, ou plus ancien que lui dans le même grade, il prend les fonctions de commandant d'armes.

L'ancien commandant d'armes passe sous ses ordres et le seconde, notamment dans la partie du service de place qui est étrangère au service d'étapes. Le nouveau commandant d'armes relève du commandant du territoire pour tout ce qui ne concerne pas les services de l'arrière.

Si le commandant d'armes est d'un grade plus élevé que celui du commandant d'étapes, ou plus ancien que lui dans le même grade, ce dernier lui est subordonné, ainsi que les troupes et services placés sous son commandement, mais seulement pour la police et la discipline générales.

Pour tout ce qui concerne les services de l'arrière, le commandant d'étapes dépend uniquement du directeur des étapes et des services et correspond directement avec lui.

Dans les deux cas, le directeur des étapes et des services donne au commandant du territoire les instructions nécessaires.

Lorsqu'un commandement d'étapes est créé en territoire national, dans l'enceinte d'une place de guerre ou dans une localité comprise dans le rayon d'action de cette place, la situation respective du gouverneur et du commandant d'étapes, quels que soient leurs grades, est réglée d'après les prescriptions du décret sur le service des places.

Prise de possession d'un commandement d'étapes.

Art. 50. En territoire ennemi, la prise de possession d'un commandement d'étapes s'exécute d'après les principes généraux du service des armées en campagne (service de sûreté, cantonnement, etc.). Elle comporte notamment comme premières opérations :

L'installation de postes à l'hôtel de ville ou en tout autre point important de la localité (télégraphe, magasins, place principale, etc.);

La convocation des autorités civiles (ou à défaut de quelques habitants notables) auxquelles est signifiée la prise de possession du commandement;

La reconnaissance de la localité.

Après ces premières opérations auxquelles il procède lui-même, le commandant d'étapes :

a) Attribue aux différents chefs de détachements et chefs de service du commandement d'étapes, les locaux et ressources de la localité nécessaires à leur installation;

b) Règle les questions de sécurité et de police de la localité (postes, patrouilles, consignes militaires, etc.);

c) Notifie aux autorités civiles les mesures de police à édicter aux habitants (remise des armes dans un délai de vingt-quatre heures, déclaration des ressources notamment en locaux, chevaux et voitures, éclairage des rues, places, etc.). Il les prévient que l'auteur de tout crime ou délit préjudiciable aux intérêts de l'armée est justiciable des tribunaux militaires, et que la commune est responsable des attaques contre les personnes et des destructions opérées sur son territoire.

Si l'attitude de la population l'exige, le commandant d'étapes défend la circulation dans les rues à partir de l'heure fixée pour l'extinction des feux; il se fait remettre des otages et prévient que tout mouvement hostile sera suivi de représailles;

d) Il se fait renseigner sur l'organisation des diverses administrations et établissements publics fonctionnant dans la localité;

e) Il envoie ensuite dans les localités importantes comprises dans la zone de son commandement des patrouilles chargées de notifier par écrit aux autorités locales les dispositions indiquées ci-dessus en c).

Il fait contrôler par le personnel dont il dispose les indications qui lui ont été fournies par les autorités locales ou les habitants.

Dans la localité, siège du commandement d'étapes, des inscriptions font connaître l'emplacement des divers services (postes, télégraphes, sous-intendance, etc.). Le bureau du commandant d'étapes est signalé le jour par un drapeau tricolore, la nuit par une lanterne rouge.

En territoire national, la prise de possession d'un commandement d'étapes se réduit à la reconnaissance de la localité, à l'entrée en relations avec la municipalité, aux mesures à prendre en vue de l'installation des divers services et à la police militaire de la localité.

Personnels des services. — Situations.

Art. 51. Dans un commandement d'étapes, les personnels des divers services relèvent du commandement d'étapes pour la discipline générale, la police, l'installation des services, la réunion et l'emploi des moyens de transport, les mouvements sur les routes d'étapes. En ce qui concerne leur service technique, les chefs de service de ce commandement relèvent de leur directeur ou chef de service à la direction des étapes et des services avec lequel ils correspondent directement.

Le commandant d'étapes est chargé de veiller à l'exécution de toutes les mesures destinées à satisfaire aux besoins de l'armée; mais il ne peut s'immiscer dans l'administration intérieure ni dans la direction et l'exécution technique des services.

Le comptable de chaque service fonctionnant dans un commandement d'étapes établit tous les matins, à moins d'ordres contraires, une situation sommaire et une situation détaillée du matériel et des approvisionnements existant en magasin la veille au soir après l'arrêté de ses registres.

La première est remise au commandant d'étapes qui l'adresse au directeur des étapes et des services; la seconde, établie d'après les instructions des directeurs (ou chefs) de service à la direction des étapes et des services, est envoyée à ces derniers directement.

Le directeur des étapes et des services détermine une périodicité pour l'envoi des situations dans les services où les mouvements ne sont qu'accidentels.

Dépenses.

Art. 52. Dans les commandements d'étapes où il n'existe ni ordonnateur ni gestionnaire comptable muni de fonds, les dépenses sont payées d'après les ordres du service compétent, et régularisées par l'ordonnateur de la circonscription à laquelle le commandement d'étapes est rattaché.

Personnel-troupe du commandement d'étapes.

Art. 53. Les troupes et détachements affectés au commandement d'étapes sont cantonnés en principe dans des locaux qui leur sont affectés d'une manière permanente.

Les isolés (ordonnances, commis, secrétaires, infirmiers, etc.) sont placés en subsistance dans une unité désignée par le commandant d'étapes.

Sécurité.

Art. 54. Le commandant d'étapes assure, à l'aide des troupes d'étapes mises à sa disposition, la sécurité de la localité siège du commandement et celle du territoire qui en dépend, notamment en ce qui concerne les voies de communication.

S'il ne dispose que d'une faible garnison, il se contente de prévoir la défense d'un réduit pourvu d'eau, de vivres et de munitions. S'il est attaqué, il s'y renferme avec ses otages.

Il règle toutes les dispositions à prendre en cas d'alarme et en cas d'incendie.

Réquisitions.

Art. 55. Le commandant d'étapes a le droit de réquisition dans sa zone.

Dans la localité siège du commandement d'étapes, aucune réquisition n'est faite que par le commandant d'étapes ou sur son visa.

Dans les autres localités de la circonscription d'étapes, les commandants de troupe ou de détachement et les chefs de service ne peuvent faire de réquisition sans autorisation préalable du commandant d'étapes (sauf en cas d'urgence, pour les moyens de transport et la subsistance journalière).

Le commandant d'étapes recherche avec soin les ressources du territoire de son commandement, notamment en ce qui concerne les vivres, les fourrages, les fours, les moyens de transport, les bâtiments susceptibles d'être utilisés, etc.

Il rend compte du résultat de ses recherches au commandant de l'arrondissement dont il relève ou au directeur des étapes et des services.

Le commandant d'étapes assure la rentrée des contributions et des amendes dans les conditions indiquées par l'autorité dont il relève.

Moyens de transport.

Art. 56. Le commandant d'étapes requiert sur place les voitures dont il a besoin pour l'exécution du service local.

En outre, pour pouvoir assurer sans interruption le mouvement du personnel et du matériel dirigés sur l'armée ou inversement (notamment pour le ravitaillement quotidien en vivres), il prévoit et prépare les mesures à prendre pour l'organisation de convois éventuels (art. 178) et requiert sur place les voitures nécessaires.

En cas d'insuffisance des moyens de transport, il s'adresse au commandant de l'arrondissement dont il relève ou au directeur des étapes et des services.

Troupes de passage.

Art. 57. Pour assurer le logement des troupes et des isolés de passage, le commandant d'étapes établit, de concert avec les autorités civiles, un état général des ressources existant dans les localités comprises dans le commandement d'étapes.

Il loge ou cantonne les troupes de passage dans la localité siège de son commandement, ou dans les localités voisines si cette mesure ne présente pas d'inconvénients.

Le commandant d'étapes prend, dans ce dernier cas, les dispositions nécessaires pour que ces troupes soient prévenues en temps opportun des cantonnements qu'il leur assigne.

Les passages de troupe sont toujours notifiés à l'avance au commandant d'étapes.

Chaque commandant d'étapes envoie aux commandants d'étapes dont le territoire doit être traversé par des troupes ou détachements des avis leur notifiant ces mouvements. Toute colonne qui traverse le territoire d'un commandement d'étapes informe de son mouvement le commandant d'étapes.

En arrivant dans la localité où ils doivent coucher, les isolés et les commandants de troupe ou de détachement doivent se présenter immédiatement au commandant d'étapes, ou le prévenir sans retard de leur arrivée, s'ils sont d'un grade supérieur au sien ou s'ils cantonnent dans des localités voisines du siège du commandement. Ils sont tenus d'observer les consignes établies pour l'intérieur de la localité ou pour le territoire.

Le commandant d'étapes vérifie les feuilles de route et fait exercer une surveillance particulière sur les isolés. Les officiers, sous-officiers et soldats de passage ne doivent, sous aucun prétexte, être retenus pour le service des étapes. Toutefois, les petits détachements et les isolés peuvent être provisoirement maintenus dans la localité, lorsqu'il y a intérêt à les grouper en un détachement unique. Mention du séjour est faite sur les feuilles de route.

Les isolés et les petits détachements reçoivent un billet de logement (voir modèle n° 4). On cantonne les troupes de passage ayant un effectif important. Des locaux spéciaux peuvent être aménagés pour abriter, dès leur arrivée, les isolés de passage, les convois de blessés ou de prisonniers et les détenus. Des emplacements sont réservés pour parquer les voitures.

Alimentation.

Art. 58. En principe, les isolés et les petits détachements de passage sont nourris par l'habitant chez lequel ils sont logés. Les certificats de demi-journées de nourriture établis soit par le commandant d'étapes (pour les isolés), soit par les comman-dants de détachement, servent de justification. (Voir instruction concernant les officiers d'approvisionnement et modèle n° 5.)

Les communes sont invitées à prendre les dispositions néces-saires pour fournir la nourriture aux hommes logés dans les locaux inoccupés.

Quand l'effectif des troupes ou détachements de passage logés ou cantonnés ne permet pas la nourriture par l'habitant, les dis-tributions de vivres et de fourrages sont faites, sur les réqui-sitions du commandant d'étapes, par la municipalité. Celle-ci désigne les personnes chargées de fournir les subsistances, ou, selon le cas, forme un magasin qu'elle fait administrer.

Sur les routes d'étapes, il peut être pourvu aux fournitures locales par voie d'entreprise et au moyen de conventions passées par le service de l'intendance.

Lorsque les ressources locales sont épuisées, ou lorsque les besoins des troupes et personnels divers dont le commandement d'étapes doit assurer momentanément l'alimentation dépassent notablement ces ressources, le commandant d'étapes adresse des demandes de ravitaillement au commandant d'arrondisse-ment d'étapes ou au directeur des étapes et des services, suivant le cas. Il est pourvu à ces demandes dans les conditions prévues au titre VII.

Les bons de vivres, de fourrages et de chauffage, établis par les chefs de corps ou de détachement (et autant que possible sur le modèle n° 6), sont visés par le fonctionnaire de l'intendance, et, à défaut, par le commandant d'étapes, lorsqu'ils ne peuvent être signés par un officier. D'une manière générale, le comman-dant d'étapes surveille l'alimentation, s'assure que les denrées distribuées sont de bonne qualité et que les fixations prescrites sont observées.

Police.

Art. 59. Le commandant d'étapes fait connaître aux chefs de détachement ou de service les punitions qu'il inflige aux mili-taires sous leurs ordres; il rend compte au commandant de l'arrondissement d'étapes ou au directeur des étapes et des ser-vices des infractions commises par les officiers d'un grade supérieur au sien.

Tout militaire isolé, non pourvu d'une feuille de route, ou

rencontré hors de la direction que lui assigne sa feuille de route, est arrêté; sa situation est examinée dans les vingt-quatre heures. Le commandant d'étapes, suivant le résultat de l'examen, met l'homme en route sur sa destination régulière ou le fait diriger, sous escorte, avec les pièces de l'enquête, sur la prison militaire établie au siège du conseil de guerre.

Le commandant d'étapes fait surveiller les hôtels et les auberges et ordonne l'arrestation de tout individu dépourvu de passeport ou de papiers établissant nettement sa situation.

Il fait exercer une surveillance sur les sociétés colombophiles et sur les personnes soupçonnées de correspondre par pigeons voyageurs.

Il fait exécuter strictement les mesures de police sanitaire.

Aucune réunion publique n'est tolérée dans autorisation préalable.

Enfin, après enquête sommaire, il fait mettre en liberté ou diriger sur le conseil de guerre, les habitants ou les étrangers arrêtés pour crimes ou délits contre l'armée.

État civil aux armées.

Art. 60. Le commandant d'étapes remplit éventuellement les fonctions d'officier de l'état civil.

Les actes de l'état civil concernant les officiers et hommes de troupe et les personnes employées à la suite des armées sont établis conformément aux dispositions du Code civil, des décrets et ordonnances en vigueur. Une instruction ministérielle spéciale détermine les conditions dans lesquelles ces dispositions sont appliquées (1).

Un tableau placé à la suite du présent règlement indique les autorités qui, dans la zone d'étapes, sont chargées des fonctions d'officier de l'état civil (voir annexe IV).

D'une manière générale, les fonctions d'officier d'état civil sont remplies par les autorités militaires : 1° hors du territoire français en tout temps; 2° sur le territoire français dès que la mobilisation a été décrétée.

Bien qu'aux termes de la loi la compétence des officiers

_____

(1) Instruction du 23 juillet 1894 pour l'exécution des dispositions du Code civil et les divers décrets et ordonnances applicables aux militaires de toutes armes.

d'état civil militaires n'exclut par celle des officiers d'état civil ordinaires, l'intervention de l'autorité civile ne sera réclamée que s'il y a une difficulté sérieuse à faire dresser l'acte en temps utile par l'officier d'état civil militaire.

Registres, rapports, archives.

Art. 61. Le commandant d'étapes tient un *cahier d'enregistrement* de tous les ordres, avis, télégrammes, etc., qui émanent de son bureau, et tous les *registres de correspondance* nécessaires.

Il tient au jour le jour un *journal d'opérations*, un feuillet (modèle n° 3) étant réservé pour une journée. Le commandant d'étapes joint à ces feuillets la copie des rapports établis pour les événements importants.

Il fournit des *rapports périodiques* au directeur des étapes et des services, et, s'il y a lieu, au commandant de l'arrondissement d'étapes, et utilise pour ces rapports le feuillet modèle n° 3 précité.

S'il remplit les fonctions de suppléant du sous-intendant militaire, il tient en outre les *registres et archives* afférents à ces fonctions.

Relations avec le service des chemins de fer.

Art. 62. Les relations des commandants d'étapes avec le service des chemins de fer, en ce qui concerne la sécurité et la défense des gares et de la voie dans le rayon du commandement d'étapes ou l'envoi de détachements de police et de travailleurs en certains points, sont définies par l'article 14 du présent règlement (1).

Ils peuvent, dans la limite de la délégation que le directeur des étapes et des services juge convenable de leur donner, adresser des demandes de transport aux autorités locales des chemins de fer.

Les commandants d'étapes dont dépendent les localités desservies par les gares où siègent des commissions de gare se concertent en outre avec elles pour les mesures intéressant :

Le débarquement et l'embarquement du personnel et du matériel;

---

(1) Voir également décret sur les transports stratégiques (art. 32).

Le logement, l'alimentation et le service médical des troupes appelées à stationner, et, s'il est nécessaire, du personnel des chemins de fer.

Le commandant d'étapes doit prendre les dispositions nécessaires pour que les abords de la gare ne soient jamais encombrés; il lui appartient de faire emmagasiner en dehors de celle-ci les denrées et le matériel qui doivent être déchargés et de former les convois à diriger sur l'armée.

Relations avec le service des voies navigables.

Art. 63. Que le **service des transports militaires** par eau relève directement du directeur de l'arrière ou soit subordonné au directeur des étapes et des services d'une armée, les autorités du service des étapes **doivent concourir, dans** la mesure où leurs ressources le permettent, à l'exécution du service des voies navigables.

Il appartient au directeur des étapes et des services de donner aux commandants d'étapes intéressés les instructions de détail nécessaires concernant les rapports à entretenir avec le service des voies navigables.

Les diverses commissions du service des voies navigables (titre VIII) entretiennent avec les commandants d'étapes voisins des relations semblables à celles que les commissions de chemins de fer entretiennent avec les commandants d'étapes (voir art. 62 ci-dessus).

Relations avec le service télégraphique (1).

Art. 64. Les commandants d'étapes règlent, de concert avec les représentants locaux du service télégraphique, les dispositions de détail relatives à la protection des lignes et bureaux télégraphiques existant dans leur circonscription.

Le commandant d'étapes sur le territoire duquel est installé un bureau télégraphique, doit déférer dans la mesure du possible aux demandes qui lui seraient adressées, le cas échéant, par le chef de bureau (planton, poste de police, réquisition de locaux, d'ouvriers, de matériel, etc...).

Le chef d'un poste télégraphique n'est pas chargé d'assurer

____

(1) Voir titre VI, chapitre IV.

avec son personnel la remise des télégrammes aux destinataires. Chacune des autorités desservies par un poste doit donc établir sa liaison avec lui par plantons, estafettes, etc., etc...

Dans le cas exceptionnel où un télégramme serait adressé à une autorité non reliée au poste télégraphique, le chef de ce poste en rendrait compte au commandant d'étapes qui prendrait les mesures nécessaires pour faire parvenir le télégramme à destination.

II. — *Dispositions spéciales à certains commandements d'étapes.*

Commandement d'étapes de gare régulatrice.

Art. 65. Le commandement d'étapes de gare régulatrice (art. 40) comprend toujours :

a) Un chef de chacun des services d'étapes assisté d'un personnel auxiliaire (officiers et troupes) et chargé de l'exécution du service;

b) Des détachements de troupes d'étapes.

L'effectif de ces personnels et troupes doit être suffisant pour assurer, tant à la gare régulatrice que dans les gares de ravitaillement, les livraisons ou réceptions de denrées et de matériel (corvées, manutentions, etc...).

D'une manière générale, *lorsqu'il n'a pas été organisé de routes d'étapes*, le service incombant au commandant d'étapes de la gare régulatrice comprend :

a) *Le service de la localité* siège du commandement d'étapes et de son territoire, service qui incombe à tout commandant d'étapes (voir § 1 ci-dessus).

b) *Le service de la gare*, qui consiste à mettre à la disposition de la commission de gare locale le personnel et les détachements de police et de corvées nécessaires (voir art. 14).

Ces détachements sont sous l'autorité du commissaire militaire de gare pendant la durée de leur service;

c) *Le service des gares de ravitaillement* qui constitue le service extérieur du commandement d'étapes de gare régulatrice. Ce service (qui est défini au chapitre II du titre VII) a pour objet principal d'assurer les ravitaillements et évacuations quotidiens et éventuels de l'armée. En raison de la périodicité que présente le ravitaillement quotidien, il peut y avoir intérêt à ce que le commandant d'étapes règle une fois-pour toutes (après avoir pris l'avis des chefs de service intéressés) les mesures générales d'exécution de ce service.

Indépendamment de ses relations avec la commission de gare définies ci-dessus, le commandant d'étapes de gare régulatrice entretient des relations avec la commission régulatrice pour toutes les questions concernant les ravitaillements et les évacuations de l'armée et intéressant, en général, le réseau ferré de la commission régulatrice, et dans la limite de la délégation qui lui a été donnée par le directeur des étapes et des services.

Le commandant d'étapes de gare régulatrice est informé par le directeur des étapes et des services des dispositions prises pour assurer le renouvellement des approvisionnements de vivres qui doivent exister en permanence (sur wagons) à la gare régulatrice ou dans les gares voisines. Par délégation du directeur des étapes et des services et sur les propositions du sous-intendant militaire de gare régulatrice, il suspend ou modifie les envois de vivres de la station-magasin en vue de maintenir les approvisionnements précités à la composition fixée par le directeur des étapes et des services (art. 106).

Lorsqu'un commandement d'étapes de gare régulatrice change d'emplacement, les divers services se transportent dans la nouvelle localité en laissant dans l'ancienne le personnel destiné à assurer le service aussi longtemps que cela est nécessaire.

Le transport du personnel, du matériel et des denrées à la nouvelle gare régulatrice se fait, en principe, par voie ferrée.

Lorsqu'il *a été organisé des routes d'étapes*, le rôle du commandement d'étapes de gare régulatrice diminue, une partie du service qu'il assurait incombant aux gares origines d'étapes.

Commandement d'étapes de gare de ravitaillement.

Art. 66. Les fonctions de commandant d'étapes de gare de ravitaillement consistent le plus souvent dans l'organisation d'un service de police et de corvée, en vue d'assurer dans les meilleures conditions possibles les opérations de ravitaillement et d'évacuation. Ce commandant d'étapes se conforme notamment aux dispositions des articles 14, 62, 154 et 155.

Le service des commandements d'étapes de gare de ravitaillement commence dans chaque gare à l'arrivée du train de ravitaillement et se termine généralement au départ de ce train ren-
trant à la gare régulatrice.

Dans certaines circonstances, notamment lorsque les opérations de ravitaillement et d'évacuation sont très importantes, le
commandant d'étapes de gare de ravitaillement peut être amené
à procéder à l'installation de certains services dans la localité
voisine de la gare (détachements d'éclopés, malades, etc...). Il
en rend compte télégraphiquement au commandant d'étapes de
gare régulatrice. Cette occupation de la localité est parfois le
prélude de l'organisation d'un commandement d'étapes dans
les conditions fixées par le directeur des étapes et des services.

Commandement d'étapes d'origine d'étapes.

Art. 67. Les commandants d'étapes de gares devenues origine de routes d'étapes (art. 43) sont fixes. Une partie du service de ravitaillement et des évacuations qui incombait au commandant d'étapes de gare régulatrice devant être assurée par
les commandants d'étapes d'origine d'étapes, il peut être nécessaire d'affecter à ces origines d'étapes une partie ou la totalité
des chefs de service qui étaient affectés au commandement d'é-
tapes de gare régulatrice avant l'établissement des routes
d'étapes.

Les commandant d'étapes d'origine d'étapes assurent le
débarquement du matériel amené par voie ferrée et son emmagasinement ou son expédition à l'armée par les routes d'étapes.

Inversement, ils sont chargés de la réception du personnel et
du matériel en provenance de l'armée, et de leur embarquement par voie ferrée à destination de l'intérieur. Ils sont en
relations constantes, à cet effet, avec les commissions de gare
des gares origine d'étapes.

Commandement d'étapes de tête d'étapes.

Art. 68. En plus des fonctions inhérentes aux commandants
d'étapes, en général, le rôle essentiel du commandant d'étapes de tête d'étapes consiste à établir la liaison des convois du
service des étapes avec les équipages de l'armée aux points

de contact fixés chaque jour par le commandant de l'armée (art. 159).

Le personnel dont il dispose se divise en trois groupes :

a) Le premier groupe comprend tous les personnels et organes chargés d'assurer les ravitaillements et évacuations aux points de contact précités et de faire la police (pelotons de cavalerie, détachements de gendarmerie, etc...) dans les cantonnements quittés par les corps;

b) Le deuxième groupe comprend les personnels qui assurent le fonctionnement de la tête d'étapes dans ses déplacements successifs.

Le personnel de ces deux groupes est permanent.

c) Le troisième groupe se compose des personnels qui sont réservés pour la création des gîtes ordinaires d'étapes dans les localités abandonnées par la tête d'étapes.

Enfin, la réserve des personnels et des troupes d'étapes est, en principe, rattachée en totalité ou en partie à la tête d'étapes, mais elle reste à la disposition du directeur des étapes et des services.

Commandement de gîte principal d'étapes.

Art. 69. Le commandant d'un gîte principal d'étapes, chef-lieu d'arrondissement d'étapes (art. 44), est responsable du fonctionnement d'une section de la route d'étapes (art. 162) et à ce titre, il doit, dans l'étendue de cette section, assurer le fonctionnement des divers services.

Il y aura intérêt à placer auprès de lui des chefs de service ayant autorité sur les personnels des divers services de l'arrondissement d'étapes.

Commandement d'étapes de champ de bataille.

Art. 70. Le rôle du commandant d'étapes de champ de bataille (art. 48) consiste à assurer l'inhumation des morts, l'assainissement et la police du champ de bataille, les évacuations de blessés, de prisonniers et de matériel, l'alimentation des troupes ainsi que le ravitaillement des formations sanitaires stationnées dans son ressort.

Le personnel mis à sa disposition comprend des représentants des principaux services (santé, intendance, artillerie, génie, vétérinaire et prévôté).

Si le lotissement du terrain entre les différentes formations sanitaires n'a pas été fait avant la prise de possession de son commandement, le commandant d'étapes doit charger de ce soin le chef du service de santé du commandement d'étapes.

Il lui appartient de mettre à la disposition du service de santé tout le personnel et les voitures nécessaires pour assurer les évacuations. Il demande, s'il y a lieu, au directeur des étapes et des services, les moyens de transport supplémentaires dont il peut avoir besoin.

Après entente avec son chef du service de santé, il règle les mouvements des convois d'évacuation entre le commandement d'étapes et les gares d'évacuation (ou les têtes d'étapes, s'il a été organisé des routes d'étapes).

Dès qu'une formation sanitaire immobilisée sur le champ de bataille peut être libérée, il prend les dispositions voulues pour lui faire rejoindre l'armée le plus tôt possible.

Il adresse télégraphiquement au directeur des étapes et des services, sur la proposition des chefs de service intéressés, les demandes nécessaires pour assurer le ravitaillement en vivres du personnel et des troupes de son commandement ainsi que le ravitaillement en matériel médical des formations sanitaires. En ce qui concerne les évacuations, il demande également des instructions au directeur des étapes et des services pour la fixation des jours et heures auxquels les convois d'évacuation pourront se présenter soit aux têtes d'étapes, soit aux gares d'évacuation.

TITRE VI.

Organisation et rôle des différents services d'étapes.

CHAPITRE Ier.

GÉNÉRALITÉS.

Fonctionnement des divers services.

Art. 71. Les dispositions du présent titre sont complétées, en ce qui concerne l'organisation et le fonctionnement de chaque service, par les règlements et les instructions spéciales du service.

Dispositions communes à tous les directeurs et chefs de service.

Art. 72. Les directeurs et chefs supérieurs des services de l'armée, chefs des services d'étapes, relèvent du directeur des étapes et des services pour ce qui concerne le personnel et le fonctionnement général du service (art. 17).

Ils adressent au directeur des étapes et des services, au fur et à mesure des besoins, les propositions concernant les affectations à des emplois dans la zone d'étapes, des officiers, fonctionnaires, agents, etc..., sous leurs ordres.

Les affectations approuvées par le directeur des étapes et des services sont définitives. Toutefois, à moins de dispositions spéciales à certains services, les affectations à des emplois de chef de service ou de gestionnaire doivent être ratifiées par le commandant de l'armée.

Les directeurs (ou chefs) de service prescrivent, par délégation du directeur des étapes et des services dans le personnel-troupe appartenant à leur service, les mutations qu'ils jugent nécessaires.

Crédits. — Ordonnancement.

Art. 73. L'intendant de l'armée reçoit du Ministre de la guerre la délégation de l'ensemble des crédits destinés à assurer le fonctionnement de tous les services de l'armée (service en campagne, art. 10).

Le service de l'intendance ordonnance les dépenses de tous les services, *à l'exception des services de l'artillerie, du génie et de santé.*

L'intendant de l'armée procède lui-même aux ordonnancements qu'il juge utile de se réserver. Il sous-délègue aux sous-intendants sous ses ordres les crédits nécessaires pour permettre à ces fonctionnaires de procéder aux ordonnancements qui leur incombent.

En ce qui concerne les *services de l'artillerie, du génie et de santé,* les directeurs de c s services provoquent, en temps utile auprès du directeur des étapes et des services, l'ouverture des crédits qui leur sont n cessaires. Sur l'ordre du directeur des étapes et des services, ces crédits leur sont sous-délégués par l'intendant de l'armée.

En cas d'urgence, les représentants des services de l'artillerie, du génie et de santé, qui n'ont pas reçu de sous-délégation de crédits peuvent s'adresser au sous-intendant militaire le plus voisin, qui, s'il dispose des crédits nécessaires, ordonnance les dépenses relatives à l'exécution desdits services, sauf régularisation ultérieure de l'imputation.

Le prévôt de l'armée demande au directeur des étapes et des services les crédits dont il a besoin pour son service spécial; il reçoit de lui des instructions pour la comptabilité et la destination des recettes qu'il opère.

Il n'est pas affecté de crédit spécial pour le *service vétérinaire.* Les dépenses sont autorisées par le directeur des étapes et des services, ou, en cas d'urgence, par le commandant d'étapes.

Les dépenses du *service télégraphique* occasionnées par les achats, les réparations du matériel et les travaux sont acquittées par les soins du service du génie soit au moyen de mandats directs, soit à l'aide de mandats d'avance délivrés au chef du service de la télégraphie d'étapes.

L'allocation des services spéciaux au service de la trésorerie et des postes d'étapes pour le fonctionnement technique de ce service est prévue par des instructions spéciales.

CHAPITRE II.

SERVICE DE L'ARTILLERIE.

Directeur du service et personnel d'exécution.

Art. 74. Le directeur du service de l'artillerie est un colonel ou lieutenant-colonel appartenant ou ayant appartenu à l'armée active.

Il est assisté d'un personnel (officiers et employés) qui fait partie de la direction des étapes et des services.

Il est directeur du grand parc d'artillerie de l'armée et dispose, éventuellement, d'autres détachements d'artillerie.

Il exerce, à l'égard du personnel sous ses ordres, les fonctions d'un général commandant l'artillerie d'un corps d'armée.

En ce qui concerne le matériel, il a toutes les attributions fixées par les lois et règlements pour les directeurs d'établissements en régie directe à l'intérieur.

Service de l'artillerie des étapes.

Art. 75. Le service de l'artillerie des étapes consiste :

a) A effectuer le ravitaillement de l'armée en munitions, armes, matériel et harnachement de l'artillerie et du train des équipages militaires;

b) A recevoir ou recueillir les armes, munitions et matériel provenant soit de prises, soit de désarmement des habitants, ou versés par les formations sanitaires;

c) A effectuer des réparations légères au matériel qui lui est remis;

d) A évacuer sur les points désignés par le directeur des étapes et des services le matériel inutile;

e) Éventuellement, à organiser l'armement des points fortifiés.

Lorsqu'il est nécessaire de créer des magasins, ateliers, etc..., le directeur du service de l'artillerie des étapes adresse ses propositions au directeur des étapes et des services (art. 46).

Grand parc d'artillerie.

Art. 76. Le grand parc d'artillerie comprend :
Un état-major de grand parc;
Des batteries d'artillerie à pied;
Des détachements d'ouvriers d'artillerie et d'artificiers;
Des sections de parc, avec équipages de transport;
Des approvisionnements de munitions et de matériel (1).

---

(1) Le service de l'artillerie répartit actuellement les munitions et le matériel de chaque grand parc en *divisions, sections de réserve* et *lots de munitions d'artillerie lourde* dont le nombre dépend de la composition de l'armée à laquelle il est affecté.

Chaque *division* est formée :

1° De 5 lots de munitions de composition identique, comprenant à la fois des munitions pour canon de 75 et pour fusil, carabine et mousqueton;

2° D'une section de parc (personnel et voitures).

Une *section de réserve* se divise en 2 groupes :

Le premier comprend des voitures-canons et des voitures-caissons de 75

Les munitions sont constituées en un certain nombre de *lots*, de composition identique comprenant à la fois des munitions de 75 et des munitions pour armes portatives, et en *lots de munitions d'artillerie lourde*. Ces munitions sont en caisses blanches.

Le matériel est constitué en une *réserve* formée d'un certain nombre de *sections de réserve*.

Fractionnement du grand parc pour le ravitaillement.

Art. 77. Au point de vue du service du ravitaillement, le grand parc est réparti en quatre éléments.

Les deux premiers éléments sont des organes de ravitaillement direct des corps d'armée et des éléments d'armée. Ce sont :

1er élément : L'échelon sur route, qui est destiné à assurer le ravitaillement par voie de terre. Il comprend à cet effet les équipages de transport attelés et portant des munitions.

Pendant les opérations, l'échelon sur route est maintenu à une distance telle des corps d'armée que sa marche ne crée aucun encombrement et que le ravitaillement en munitions puisse être rapidement effectué.

2e élément : L'échelon de gare régulatrice, qui est installé au commandement d'étapes de gare régulatrice et qui comprend :

a) Un ou plusieurs trains chargés de munitions pour canons de 75, artillerie lourde et armes portatives, garés, soit à la gare régulatrice, soit dans la zone d'action de la commission régulatrice qui dessert l'armée. Chacun de ces trains est dit « *en-cas mobile de munitions* ».

Des munitions peuvent, en outre, s'il y a lieu, être emmagasinées au commandement d'étapes de gare régulatrice;

b) Une partie de matériel de rechange ou de réparation du grand parc, provenant des sections de réserve;

---

chargées comme celles des batteries, des munitions de 75 et des munitions pour armes portatives, des explosifs et divers objets de rechange;

Le deuxième groupe comprend des approvisionnements et des rechanges pour la réparation et l'entretien du matériel.

Les *lots de munitions d'artillerie lourde* varient suivant la composition de l'artillerie lourde affectée à l'armée.

c) Le personnel nécessaire pour assurer l'entretien du matériel visé en *b)*, pour effectuer de légères réparations et pour assurer le service des en-cas mobiles (garde, gestion et livraison des munitions).

Les détachements d'artillerie du grand parc (batteries à pied, détachements d'ouvriers, détachements d'artificiers), qui relèvent du directeur de l'artillerie des étapes, sont répartis par ses soins entre les organes de ravitaillement direct (échelon sur route et échelon de gare régulatrice).

Les deux derniers éléments constituent des organes de ravitaillement entreposés en magasin. Ce sont :

3e élément : *L'échelon de station-magasin,* entreposé dans l'une des stations-magasins affectées à l'armée.

Les munitions de cet échelon font partie du grand parc; la comptabilité en est tenue et la manutention assurée par un personnel qui est affecté à la station-magasin.

Le comptable de cet approvisionnement est un agent du service de l'artillerie, relevant au point de vue technique du directeur du grand parc d'artillerie. Il maintient constamment l'échelon de station-magasin au taux fixé; à cet effet il s'adresse directement à l'arsenal affecté à l'armée pour faire venir, au fur et à mesure des besoins, les munitions nécessaires pour reconstituer son approvisionnement.

4e élément : *L'échelon d'arsenal* déposé dans l'arsenal qui a mobilisé le grand parc. Le matériel et les munitions de cet échelon font partie du grand parc, mais leur comptabilité est tenue et leur manutention assurée par le personnel de l'arsenal.

Le directeur de l'arsenal expédie les munitions au fur et à mesure qu'elles lui sont demandées par l'agent de l'artillerie de la station-magasin qu'il dessert, et fait aussitôt reconstituer l'échelon d'arsenal en se conformant aux dispositions arrêtées à cet effet par le Ministre. Dans le cas où les dispositions prévues sont insuffisantes, il appartient au directeur de l'arsenal de provoquer les ordres du Ministre.

L'agent de l'artillerie de la station-magasin et le directeur de l'arsenal affecté à l'armée fournissent au directeur du parc les situations de munitions qu'il leur demande.

Répartition des munitions et du matériel.

Art. 78. La composition détaillée des lots de munitions et des sections de réserve est donnée par des instructions ministérielles spéciales (1). Ces lots de munitions et ces sections sont constituées dès le temps de paix, au titre du grand parc dans l'arsenal qui mobilise ce grand parc.

Le personnel, le matériel et les munitions compris dans les trois premiers échelons sont mobilisés et transportés dans les conditions fixées par le Ministre.

Au début des opérations, ces échelons ont chacun la même composition en munitions de 75 et en munitions pour armes portatives (en principe un lot par corps d'armée).

L'échelon d'arsenal a un approvisionnement de cette nature double de celui de l'un des échelons précédents. Toutefois, l'échelon de gare régulatrice et l'échelon d'arsenal comptent, en plus, les munitions des sections de réserve qui font partie de chacun d'eux.

Les munitions pour l'artillerie lourde sont divisées en deux lots placés, l'un à l'échelon de gare régulatrice, l'autre à l'échelon d'arsenal.

Au cours des opérations, la répartition des munitions et des sections de réserve entre les divers échelons peut être modifiée conformément aux ordres du directeur des étapes et des services.

Armement des points fortifiés. — Travaux spéciaux, etc.

Art. 79. Lorsque le service de l'artillerie doit concourir à l'armement des points fortifiés dans la zone d'étapes, les instructions nécessaires sont données par le directeur des étapes et des services sur la proposition du directeur du service de l'artillerie.

Lorsque le service de l'artillerie des étapes doit assurer le désarmement d'une place conquise, ou contribuer à l'organisation de formations telles que des parcs de siège, des dispositions spéciales sont prises par le commandant de l'armée.

---

(1) Voir le renvoi (1) de l'article 76.

CHAPITRE III.

SERVICE DU GÉNIE.

***

Directeur du service et personnel d'exécution.

Art. 80. Le directeur du service du génie des étapes est un colonel ou lieutenant-colonel appartenant ou ayant appartenu à l'armée active.

Il est assisté d'un personnel (officiers et officiers d'administration du génie) qui fait partie de la direction des étapes et des services.

Il dispose pour l'exécution du service :

1° Du parc du génie d'armée;

2° Des officiers et officiers d'administration du génie des commandements d'étapes avec lesquels il organise les chefferies dans la zone d'étapes;

3° De la première réserve du parc du génie d'armée constituée dans une des stations-magasins affectées à l'armée;

4° Éventuellement de troupes du génie.

Le directeur du service du génie des étapes exerce, à l'égard du parc d'armée et des chefferies, les fonctions d'un directeur du génie à l'intérieur; il a les attributions d'un chef de corps à l'égard de toutes les troupes du génie affectées à ce service.

Service du génie des étapes.

Art. 81. Le service du génie des étapes consiste :

a) A renforcer les ressources des parcs du génie des corps d'armée en vue de certaines éventualités, à ravitailler ces parcs ainsi que les parcs des unités télégraphiques de 1re ligne et éventuellement les sections techniques de télégraphie (art. 165);

b) A entretenir et à établir, au besoin, les voies de communication par terre; à effectuer les travaux d'installation dans les commandements d'étapes, les travaux de défense, etc.;

c) Éventuellement, à effectuer, sur la demande du service des voies navigables, des travaux d'entretien ou de construction.

Parc du génie d'armée.

Art. 82. Le parc du génie d'armée comprend :

Le directeur du parc et un état-major de parc;

Un détachement de sapeurs mineurs;

Un détachement de sapeurs télégraphistes;

Une compagnie territoriale de sapeurs conducteurs;

Le matériel du parc est entièrement sur roues.

Le parc est ravitaillé par la première réserve du parc qui est emmagasinée dans une des stations-magasins affectées à l'armée; cette première réserve est complétée par une deuxième réserve qui est constituée par l'École du génie qui a mobilisé le parc du génie et la première réserve du parc.

Le parc reçoit en outre le matériel provenant des lignes télégraphiques établies par le service de 1re ligne et relevées par les sections techniques.

Il appartient au directeur des étapes et des services de régler les mouvements du parc du génie d'armée dans la zone d'étapes, de manière que ce parc puisse intervenir en temps utile pour le ravitaillement ou le renforcement des parcs des corps d'armée.

Concours du parc du génie d'armée à des travaux spéciaux.

Art. 83. Lorsqu'il est nécessaire de procéder à des travaux (travaux de fortification, construction de ponts, etc...) pour l'exécution desquels les ressources en outillage des corps d'armée sont insuffisantes, le général commandant l'armée donne au directeur des étapes et des services les ordres nécessaires pour l'envoi, sur les points qu'il indique, de tout ou partie du parc du génie d'armée.

Si le directeur des étapes et des services prévoit la nécessité de recourir au parc du génie d'armée pour des travaux spéciaux à exécuter dans la zone d'étapes, il en réfère au préalable au commandant de l'armée.

Chefferies du génie.

Art. 84. Le directeur du génie organise les chefferies des étapes en se conformant aux ordres du directeur des étapes et des services.

En général, les chefferies du génie sont établies dans les commandements d'étapes de gare régulatrice, dans les commandements d'origine d'étapes et dans les gîtes principaux d'étapes.

Le directeur du génie désigne l'officier, chef du génie, et les officiers et officiers d'administration (en nombre variable) qu'il met à sa disposition. Un des officiers d'administration remplit les fonctions de gérant.

Les chefs du génie sont chargés, dans la circonscription de leur chefferie :

De l'entretien ou de la construction des routes;

Des installations pour le logement des troupes, des malades ou blessés, l'emmagasinement du matériel, des denrées, etc.;

Des travaux ayant pour objet la protection des lignes de communication.

Un personnel du génie, indépendant des chefferies, peut être attaché au commandement de tête d'étapes en vue de reconnaître le réseau routier, les ponts, etc.

Mode d'exécution des travaux.

Art. 85. Les travaux sont exécutés soit en gérance, soit au moyen de marchés de gré à gré, ou par adjudication.

Les dépenses sont soldées au moyen de crédits délégués au directeur du service du génie des étapes.

La comptabilité est tenue suivant les règles en usage dans le service du génie.

Pour l'exécution des travaux, on requiert les municipalités, les architectes et ingénieurs, les agents locaux du service de la voirie; on peut aussi requérir des travailleurs civils et des matériaux.

Toutes les réquisitions sont formulées par les commandants d'étapes qui doivent, en outre, prendre les mesures nécessaires pour maintenir l'ordre et l'obéissance sur les chantiers.

Lorsqu'il y a intérêt à organiser en territoire national des chefferies du génie des étapes, leur service est distinct de celui des chefferies existant sur ce territoire; toutefois, il y a souvent intérêt à ce que les premières entrent en relations avec les secondes, notamment en ce qui concerne la passation de marchés et les fournitures de matériaux. Ces relations sont obligatoires en ce qui concerne l'utilisation des bâtiments militaires par le service des étapes.

Relations avec le service des chemins de fer et avec le service des voies navigables.

Art. 86. Les travaux de destruction des voies ferrées dans la zone d'étapes, ordonnés par les autorités compétentes (1), incombent exclusivement au service des chemins de fer, qui peut requérir, pour l'exécution, le concours du génie des étapes. Ces réquisitions sont toujours adressées au directeur et aux commandants d'étapes (art. 14).

Les travaux d'entretien et de destruction des voies navigables sont, en principe, assurés par les personnels dont dispose le service militaire des voies navigables. Toutefois, le service du génie des étapes peut être appelé à prêter son concours à ce service dans des conditions que détermine le directeur des étapes et des services. En cas d'urgence, les agents du service militaire des voies navigables peuvent s'adresser directement au commandant d'étapes voisin (art. 63).

Lorsque les travaux à exécuter par le service des étapes intéressent des voies ferrées ou des voies navigables, le chef du génie d'étapes doit toujours se concerter avec les autorités du service des chemins de fer ou du service des voies navigables, qui prêtent leur concours dans la mesure du possible pour faciliter l'exécution des travaux.

CHAPITRE IV.

SERVICE DE LA TÉLÉGRAPHIE (2).

Chef du service et personnel d'exécution.

Art. 87. Le chef du service de la télégraphie militaire d'étapes est un fonctionnaire supérieur de télégraphie militaire du grade de sous-directeur.

Il est assisté d'un personnel (fonctionnaire, agent et sous-agents) qui fait partie de la direction des étapes et des services.

Les personnels techniques d'exécution comprennent une ou plusieurs sections techniques de télégraphie.

Si des circonstances exceptionnelles venaient à l'exiger, une partie du personnel des sections techniques pourrait être appelée à renforcer temporairement les unités de 1re ligne sur l'ordre du commandant de l'armée.

---

(1) Voir règlement sur les transports stratégiques (art. 54).
Voir article 6.

D'après les instructions du général commandant en chef, le directeur de l'arrière peut également appeler une partie de ce personnel à renforcer le personnel télégraphique des étapes d'une autre armée (art. 6).

Service de la télégraphie des étapes.

Art. 88. Les fonctions du chef de service de la télégraphie d'étapes consistent :

1° A relier au réseau permanent de l'arrière le réseau de l'armée établi par les unités télégraphiques de 1re ligne en se conformant aux instructions du directeur des étapes et des services;

2° A entretenir et à compléter, quand il est nécessaire, le réseau télégraphique de la zone d'étapes; à assurer l'exploitation de ce réseau;

3° A coopérer dans les limites fixées par le directeur des étapes et des services, d'après les ordres du général commandant l'armée, au renforcement en personnel et matériel des unités télégraphiques de 1re ligne;

4° A renforcer, s'il y a lieu, le service télégraphique des chemins de fer.

Matériel et approvisionnements.

Art. 89. Le matériel du service télégraphique à la disposition du directeur des étapes et des services est constitué par :

Un approvisionnement de matériel télégraphique du parc du génie d'armée;

Un approvisionnement de station-magasin.

Le premier de ces approvisionnements est destiné au ravitaillement des parcs des unités télégraphiques de 1re ligne, exceptionnellement, et en cas d'urgence seulement, à celui des sections techniques opérant dans la zone d'étapes.

L'approvisionnement de station-magasin fait partie intégrante de la première réserve du parc du génie entreposée dans l'une des stations-magasins affectées à l'armée (art. 82). Il est géré et recomplété dans les mêmes conditions que cette réserve. Il est utilisé d'une part pour le ravitaillement des parcs du génie d'armée et des sections techniques, d'autre part pour la création de *petits dépôts d'étapes* (art. 46).

Les petits dépôts sont gérés par les chefs des bureaux télégraphiques locaux à la disposition desquels on met, s'il y a lieu, un personnel auxiliaire.

Ces gérants provoquent, de leur commandant d'étapes, l'envoi à la station-magasin du matériel qui leur a été signalé comme détérioré, non utilisable ou en excédent.

Organisation du service.

Art. 90. D'après les indications qu'il reçoit du commandant de l'armée, le directeur des étapes et des services donne au chef du service télégraphique de 2e ligne toutes les indications nécessaires pour l'organisation et le fonctionnement de son service; il lui fait connaître, en particulier, les bureaux ou postes organisés par le service de 1re ligne et les lignes télégraphiques installées par le service de 1re ligne et que le service de 2e ligne doit relever.

Ce fonctionnaire prescrit aux commandants des sections techniques les mesures d'exécution, donne ses instructions au personnel des différents bureaux desservis par l'administration des postes et télégraphes et provoque, s'il y a lieu, les ordres du directeur des étapes et des services, en ce qui concerne la marche dans les colonnes, le cantonnement et le ravitaillement des sections techniques.

En territoire national, le service de 2e ligne continuera à être assuré dans la limite du possible par les ressources de l'administration des postes et télégraphes, et le service de télégraphie de 2e ligne se bornera à compléter ces ressources pour satisfaire aux besoins nouveaux résultant de la situation.

Postes spéciaux.

Art. 91. En outre des postes télégraphiques intéressant l'exploitation proprement dite de son réseau, le service de 2e ligne aura à organiser les postes spéciaux suivants :

1° Le poste de la direction des étapes et des services, s'il est établi sur le réseau de 2e ligne;

2° Le poste de transit entre la 1re et la 2e ligne, appelé *poste de jonction.*

Poste de la direction des étapes et des services. — Ce poste sert à relier le directeur des étapes et des services d'une part avec le commandant de l'armée (poste du quartier général), d'autre part avec les services de l'arrière et avec le territoire.

Il peut être établi sur les lignes télégraphiques desservies par le service de 2ᵉ ligne.

Poste de jonction. — Ce poste est établi à la jonction du réseau desservi par le service de 1ʳᵉ ligne et du réseau desservi par le service de 2ᵉ ligne; il n'en est généralement établi qu'un par armée.

Son emplacement est fixé par le commandant de l'armée.

Notification en est donnée au service télégraphique de 2° ligne.

Un poste de jonction comprend deux services bien distincts :

1° Le service de 1ʳᵉ ligne, qui, personnel et matériel, dépend du chef du service télégraphique de l'avant. Ce service assure la réception et l'expédition de tous les télégrammes venus ou à destination de l'avant.

Il reçoit les dépêches venues de l'avant et qui sont à destination de l'arrière et les remet au service de 2ᵉ ligne qui en assure l'expédition par les fils de l'arrière;

2° Un service de 2ᵉ ligne qui, matériel et personnel, dépend du chef du service télégraphique de 2ᵉ ligne.

Ce service de 2ᵉ ligne assure la réception et l'expédition de tous les télégrammes venus ou à destination de l'arrière.

Il reçoit les télégrammes venus de l'arrière et qui sont à destination de l'avant et les remet au service de 1ʳᵉ ligne qui en assure l'expédition par les fils de l'avant.

Le poste de jonction peut être, suivant les circonstances, soit le poste du quartier général lui-même, soit celui de la direction des étapes et des services, soit un poste spécial.

Le commandement de ce poste appartient à l'officier d'état-major désigné par le directeur des étapes et des services ou, à défaut, au plus élevé en grade ou au plus ancien des deux chefs de poste.

Toutefois, dans le cas où un même bureau télégraphique serait utilisé comme poste de jonction et comme poste du quartier général de l'armée, le commandement serait exercé par l'officier d'état-major détaché du quartier général de l'armée.

Tous les télégrammes qui ont à passer du réseau de 2° ligne

au réseau de 1re ligne et inversement doivent passer par le poste de jonction.

Fonctionnement général du service (1).

Art. 92. D'une manière générale, le chef du service télégraphique d'étapes se maintient en relations constantes avec le service de 1re ligne, avec les directeurs des télégraphes des départements voisins de la zone d'étapes et, le cas échéant, avec les directeurs de télégraphie des commandements territoriaux particuliers.

Sur l'ordre du commandant de l'armée notifié au directeur des étapes et des services, le service télégraphique de 1re ligne pourra remettre au service de la télégraphie d'étapes les postes qu'il a établis et les lignes qu'il a construites ou réparées à l'aide de son matériel de campagne.

Le chef du service de la télégraphie d'étapes fait compléter, s'il y a lieu, l'installation de ces postes ou bureaux. Il fait relever ou consolider les lignes établies et, au besoin, en fait construire de nouvelles. Enfin, il s'efforce de substituer le matériel d'étapes au matériel de campagne le plus tôt possible. Tout le matériel provenant de cette opération est remis au parc du génie d'armée par les soins des sections techniques.

Pour les divers travaux que nécessite ce service, le chef du service télégraphique (ou les chefs des bureaux télégraphiques) demande, s'il est nécessaire, au directeur des étapes et des services (ou aux commandants d'étapes) de lui fournir les ouvriers civils ou militaires nécessaires. Les dispositions relatives à l'emploi du télégraphe ainsi que les consignes générales des bureaux télégraphiques peuvent faire l'objet d'ordres généraux du directeur des étapes et des services.

Relèvement des lignes.

Art. 93. Les unités télégraphiques de 1re ligne doivent, à moins d'ordres contraires ou d'impossibilité absolue, relever par leurs propres moyens les lignes qu'elles ont construites, à l'exception toutefois de celle qui relie le poste du quartier gé-

---

(1) Voir également article 64.

néral de l'armée au poste de jonction; cette ligne pourra, en effet, être utilisée pendant plusieurs jours consécutifs par le service de 2e ligne, après avoir été consolidée ou modifiée en employant le réseau existant; lorsque ladite ligne deviendra inutile aux sections techniques, elle sera relevée par leurs soins; ces sections assureront également le relèvement de toutes les lignes ou parties de lignes, que les unités de 1re ligne auront dû laisser sur place; les indications relatives à l'emplacement de ces dernières lignes seront d'ailleurs fournies au directeur des étapes et des services par le commandant de l'armée. Tout le matériel provenant des relèvements effectués par les sections techniques est remis, par les soins de ces unités, au parc du génie d'armée ou exceptionnellement laissé dans un petit dépôt (art. 46).

Liaison avec le service des chemins de fer.

Art. 94. En principe, le service des chemins de fer dispose de sections techniques de télégraphie qui lui sont spécialement affectées. Toutefois, sur l'ordre du directeur de l'arrière, le chef du service de la télégraphie d'étapes se concerte avec la commission régulatrice, soit pour la mise à la disposition de cette commission, en cas de nécessité, des fils et du personnel télégraphique du service des étapes nécessaires momentanément à l'exploitation des voies ferrées, soit pour déterminer ceux des fils établis le long des lignes, qui pourront être momentanément réservés au service général de l'armée.

Réseau téléphonique.

Art. 95. Les lignes et postes du réseau téléphonique dans la zone de l'arrière sont utilisés dans les mêmes conditions que les lignes et postes du réseau télégraphique du service de 2e ligne, à l'exception des lignes spécialisées pour le service des chemins de fer.

CHAPITRE V.

SERVICE DE L'INTENDANCE.

Directeur du service et personnel d'exécution.

Art. 96. L'intendant général ou intendant militaire, intendant de l'armée, chef supérieur des services de l'intendance de l'armée, est en même temps directeur de l'intendance des étapes. Il est secondé, pour le service des étapes, par un sous-intendant militaire du cadre actif, appelé chef de service de l'intendance des étapes et qui agit par ordre ou par délégation de l'intendant de l'armée. Il est, en outre, assisté d'un personnel (fonctionnaires, officiers d'administration, commis, etc...). Tout ce personnel fait partie de la direction des étapes et des services.

Les personnels et organes d'exécution comprennent :

1° Les personnels administratifs du groupe des commandements d'étapes (sous-intendants et officiers d'administration) et les détachements de commis et ouvriers militaires d'administration;

2° Les sous-intendances et gestions créées dans la zone d'étapes;

3° La boulangerie d'armée, le convoi administratif d'armée et le parc de bétail d'armée;

4° Les convois auxiliaires lorsqu'ils sont mis à la disposition de l'intendance, d'une façon permanente ou temporaire par le directeur des étapes et des services, et, le cas échéant, des convois éventuels;

5° Les stations-magasins et établissements spécialement affectés au service des étapes de l'armée, en ce qui concerne le service de l'intendance.

Les attributions générales de l'intendant d'armée sont définies par l'instruction sur l'alimentation en campagne.

En ce qui concerne les délégations de crédit, ses attributions sont définies par le décret sur le service des armées en campagne (art. 10) et par le présent règlement (art. 73).

Vis-à-vis du personnel ressortissant au service de l'intendance des étapes, il a les attributions dévolues à un intendant de corps d'armée dans son corps d'armée.

Ses fonctions principales consistent à assurer, sous l'autorité du directeur des étapes et des services l'organisation, la direction et l'exécution du service des subsistances militaires dans la zone d'étapes.

Les propositions qu'il adresse au directeur des étapes et des services, en ce qui regarde plus particulièrement le service des étapes, concernent notamment :

La répartition du personnel et du matériel du service de l'intendance dans les commandements d'étapes;

La composition en denrées de toute nature et le maintien au complet des approvisionnements dont la constitution a été prescrite dans certains commandements d'étapes (de gare régulatrice, de tête d'étapes, de gîte principal);

Les emplacements à occuper par la boulangerie d'armée, le moment où cet organe entre en fonctionnement, et la proportion journalière suivant laquelle il participe à la fabrication du pain nécessaire à l'armée;

L'installation de centres permanents ou temporaires de fabrication de pain ordinaire ou biscuité;

La création de magasins ou de parcs de bétail dans la zone d'étapes;

La répartition des commandes entre les stations-magasins quand l'armée est desservie par plusieurs de ces organes;

L'exploitation des ressources de la zone d'étapes;

Les moyens de transport nécessaires au service de l'intendance, l'organisation des convois de vivres sur les routes d'étapes (et, s'il y a lieu, sur les voies navigables).

En un mot, toute disposition de nature à faciliter l'alimentation et le ravitaillement de l'armée en vivres.

Organisation du service.

Art. 97. L'organisation du service incombe à l'intendant de l'armée qui, avec l'approbation du directeur des étapes et des services, installe les sous-intendances ainsi que les gestions prévues par le règlement ou créées par décisions spéciales du directeur des étapes et des services, et répartit entre ces organes le personnel et le matériel dont il dispose.

Sous-intendances.

Art. 98. Le ressort de chaque sous-intendance est déterminé par le directeur des étapes et des services; il comprend un ou plusieurs commandements d'étapes.

Les sous-intendants dirigent le service de l'intendance dans le ressort de leur sous-intendance. Au point de vue de leur service technique, ils correspondent directement entre eux, avec l'intendant de l'armée et avec leurs subordonnés; ils ont autorité sur tout le personnel attaché d'une manière permanente ou temporaire à leur service.

Ils prennent, en ce qui les concerne, ou provoquent auprès de qui de droit, toutes mesures utiles en vue d'assurer le ravitaillement de l'armée.

Administration des personnels sans troupe et vérification des comptes des corps et détachements.

Art. 99. Les sous-intendants d'étapes sont chargés de l'administration des personnels sans troupe et de la vérification des comptes des corps et détachements relevant normalement des commandements d'étapes de leur circonscription.

Des dispositions spéciales sont prises par le directeur des étapes et des services pour les éléments mobiles (réserves de personnels d'étapes, colonnes mobiles, parcs, etc...).

Les sous-intendants des étapes peuvent être aussi chargés de l'administration de certains personnels du service militaire des chemins de fer et de la vérification des comptes des troupes de ce service.

Le directeur des étapes et des services, après entente avec le directeur des chemins de fer, désigne les sous-intendants auxquels ce service incombe.

Service des transports. — Service de marche.

Art. 100. Tous les transports sur voies ferrées sont régis par le règlement sur les transports stratégiques.

La contexture du titre justifiant chaque transport est prévue par un règlement spécial.

Quand l'éloignement de la voie ferrée utilisable ne permet plus aux équipages des troupes d'opérations de se réapprovisionner aux gares de ravitaillement, le service de l'intendance utilise, pour les mouvements sur les routes d'étapes, les moyens de transport mis à sa disposition par le directeur des étapes et des services (1).

Le transport dans la zone d'étapes des *colis particuliers des corps et services* rentre dans les attributions des officiers d'administration de l'habillement et du campement qui assurent le

---

(1) Voir notamment titre IX.

transit dans les conditions prévues par le règlement sur les transports stratégiques et par le présent règlement.

On se conforme, en principe, pour la mise en route des isolés et des détachements, aux règlements en vigueur.

Service de la trésorerie et des postes.

Art. 101. Les sous-intendants militaires exercent le contrôle du service de la trésorerie et des postes dans les limites prévues par les règlements spéciaux régissant la matière.

Officiers d'administration gestionnaires.

Art. 102. Les officiers d'administration gestionnaires des services des subsistances et de l'habillement et du campement assurent l'exécution du service sous les ordres des sous-intendants militaires ou de leurs suppléants.

A défaut d'officier d'administration de l'habillement et du campement, les officiers d'administration des subsistances sont chargés du transit du matériel de l'habillement et du campement.

Personnels et organes de l'intendance dans les stations-magasins (1).

Art. 103. Le personnel du service de l'intendance d'une station-magasin comprend :

Un personnel de direction, composé d'un sous-intendant militaire du cadre actif, chef de service, assisté d'un fonctionnaire du cadre auxiliaire et d'un personnel de bureau;

Un personnel d'exécution, composé d'officiers d'administration des subsistances militaires et de l'habillement et du campement, ainsi que d'un détachement de commis et ouvriers militaires d'administration chargés de la manutention des denrées et du matériel, de la fabrication du pain, du service du bétail, du service des convoyeurs militaires et, s'il y a lieu, de la garde des en-cas mobiles.

Le commissaire militaire de la station-magasin peut mettre à la disposition du service de l'intendance, sur la demande du

---

(1) Voir les articles 56 à 58.

sous-intendant militaire, des corvées prises dans les compagnies d'infanterie affectées à la station-magasin.

Les organes fonctionnant dans une station-magasin et entre lesquels sont répartis ces personnels sont :

Une sous-intendance;

Une gestion des subsistances ayant comme annexes : une boulangerie de guerre, un entrepôt de bétail et, s'il y a lieu, les en-cas mobiles qui seraient déjà créés par application de l'article 41 du règlement sur les transports stratégiques;

Une gestion de l'habillement et du campement.

Service de l'intendance dans les stations-magasins.

Art. 104. Le service spécial de l'intendance de station-magasin est indiqué aux paragraphes *a*, *b*, *c* et *d* ci-dessous :

a) Assurer le renouvellement et l'entretien des approvisionnements.

Le réapprovisionnement en vivres et avoine s'effectue conformément aux dispositions arrêtées par le Ministre pour les stations-magasins organisées à l'intérieur, ou dans les conditions fixées par le commandant en chef, pour celles créées sur le réseau des armées au cours des opérations, Des instructions spéciales règlent le réapprovisionnement en bétail et en foin pressé. Le bétail et le foin destinés au réapprovisionnement des stations-magasins sont réunis dans des gares de groupement (art. 2).

Lorsque les locaux mis à la disposition du service de l'intendance deviennent insuffisants, le chef de service s'adresse au commissaire militaire qui procède comme il est dit à l'article 38;

b) Assurer, à moins d'ordre contraire, la fabrication du pain destiné à l'armée et prendre ou proposer toute disposition pour la mise en consommation en temps voulu du pain fabriqué;

c) Procéder au déchargement, à la réception, à la prise en charge et à l'emmagasinement des denrées et du matériel et au déchargement et à la réception du bétail expédiés sur la station-magasin.

En règle générale, les trains venant de l'intérieur ou de l'armée doivent être immédiatement déchargés; toutefois on peut s'abstenir de décharger les wagons qu'il y aurait utilité à faire entrer dans la composition des trains à expédier à court délai vers l'armée ou vers l'intérieur. En cas de réexpédition sans déchargement, le matériel est simplement reconnu à l'aide des titres de transport qui sont visés par le sous-intendant pour continuation de route (art. 40 et 56 du règlement sur les transports stratégiques);

d) Satisfaire aux demandes de denrées et de matériel à expédier sur la gare régulatrice, d'après les commandes transmises par le commissaire militaire de la station-magasin, c'est-à-dire procéder au chargement et établir les pièces de transport ainsi que celles à remettre aux convoyeurs militaires dans les conditions indiquées aux articles 56 à 61 du règlement sur les transports stratégiques.

Sauf avis contraire, la station-magasin expédie quotidiennement sur la gare régulatrice, sans demande préalable, un jour de vivres (pain, petits vivres, lard et avoine), pour les effectifs fixés par le directeur des étapes et des services et, éventuellement, la farine nécessaire pour le fonctionnement de la boulangerie d'armée.

La farine est substituée au pain quand l'ordre en est donné.

Les autres denrées (pain de guerre, conserves de viande, eau-de-vie, potage condensé, foin pressé, tabac) ainsi que le bétail, font l'objet de commandes spéciales, à moins que le directeur des étapes et des services n'ait prescrit de les faire rentrer dans la composition du train de ravitaillement quotidien.

Les denrées et le matériel expédiés par la station-magasin sont livrés aux officiers d'administration gestionnaires de la gare régulatrice qui en donnent décharge par retour des convoyeurs militaires (art. 60 du règlement sur les transports stratégiques).

Organes de l'intendance dans les commandements d'étapes
de gare régulatrice.

Art. 105. Les organes fonctionnant dans un commandement d'étapes de gare régulatrice sont :

Une sous-intendance;

Une gestion des subsistances, ayant en principe, pour annexe un parc de bétail (art. 46) et, s'il y a lieu, les en-cas mobiles de vivres (art. 41 du règlement sur les transports stratégiques);

Une gestion de l'habillement et du campement.

Dans le cas où il n'existe pas de routes d'étapes, il peut y avoir intérêt à organiser le parc de bétail visé ci-dessus de manière à pouvoir livrer sur demande urgente un jour de bétail à un ou deux corps d'armée.

Ce parc est chargé également de livrer le bétail nécessaire aux troupes d'étapes.

Service de l'intendance dans les commandements d'étapes de gare régulatrice.

Art. 106. 1° *Cas où il n'est pas organisé de routes d'étapes :*

Quand il n'existe pas de routes d'étapes, et que les troupes d'opérations se ravitaillent directement aux gares de ravitaillement, le service de l'intendance du commandement d'étapes de gare régulatrice consiste dans les opérations indiquées aux paragraphes *a*, *b*, *c* ci-après :

a) Maintenir à la composition fixée par le directeur des étapes et des services l'approvisionnement qui doit être constitué à la gare régulatrice (ou dans les gares voisines).

A cet effet, le sous-intendant prépare les avis ou commandes qui doivent être transmis par le commandant d'étapes à la station-magasin, en vue de modifier, s'il y a lieu, les envois quotidiens de cette station.

Si l'armée est desservie par plusieurs stations-magasins, les commandes sont réparties entre elles d'après les instructions du directeur des étapes et des services;

b) Prendre en charge et assurer l'entretien et le renouvellement (notamment en ce qui concerne le pain) des denrées reçues de la station-magasin.

Ces denrées restent sur wagons qui sont garés dans les conditions arrêtées, après entente avec le commandant d'étapes, par la commission régulatrice.

Toutefois leur réexpédition sur les gares de ravitaillement peut être faite immédiatement après simple reconnaissance et visa des titres de transport pour continuation de route;

c) A préparer les expéditions (denrées, matériel et colis particuliers des corps) à faire sur les gares de ravitaillement d'après les avis notifiés par le commandant d'étapes (ravitaillements quotidiens et éventuels).

Il importe que le service de l'intendance du commandement d'étapes de gare régulatrice soit fortement constitué en personnel de manière à pouvoir faire face aux opérations à effectuer aussi bien dans la gare régulatrice qu'aux gares de ravitaillement.

2° Cas où il est organisé des routes d'étapes;

Quand il est établi des routes d'étapes, les expéditions provenant de l'intérieur sont dirigées de la gare régulatrice sur la ou les gares origines d'étapes de l'armée.

Le service de l'intendance du commandement d'étapes de gare régulatrice diminue donc d'importance, une partie de ses attributions passant aux gares origines d'étapes (art. 107).

Le service consiste, pour les ravitaillements, à reconnaître les vivres et le matériel expédiés par les stations-magasins et, après en avoir donné décharge, à les diriger, avec des convoyeurs militaires, sur les gares origines d'étapes. Il en est de même pour les colis particuliers des corps, expédiés directement des gares de rassemblement sur la gare régulatrice.

S'il n'y a qu'une gare origine d'étapes, pour l'armée, il n'est pas établi en principe de nouveaux titres de transport, les titres afférents au transport jusqu'à la gare régulatrice étant visés pour continuation de route.

S'il y a plusieurs gares origines d'étapes, les expéditions provenant des stations-magasins ou des gares de rassemblement doivent être fractionnées et réparties entre ces gares origines d'étapes suivant les corps et les effectifs desservis par chacune d'elles. Le commandant d'étapes de gare régulatrice donne à cet effet au sous-intendant toutes les indications nécessaires. Les pièces de transport et celles à remettre aux convoyeurs militaires sont préparées en conséquence.

Organes et services de l'intendance dans les gares de ravitaillement
et les gares origines d'étapes.

Art. 107. Quand il n'existe pas de routes d'étapes, le service des gares de ravitaillement est assuré par le personnel envoyé du commandement d'étapes de la gare régulatrice (art. 154).

S'il exsite des routes d'étapes, une ou plusieurs gares de ravitaillement deviennent origines de routes d'étapes (art. 106).

Les organes qui fonctionnent à chaque origine d'étapes sont, dans ce cas :

Une sous-intendance;

Une gestion des subsistances ayant pour annexe, s'il y a lieu, un parc de bétail (art. 46).

Une gestion de l'habillement et du campement;

Eventuellement, tout ou partie de la boulangerie d'armée.

Le service de l'intendance consiste, en ce qui concerne les ravitaillements :

a) A constituer et à tenir au complet un approvisionnement de vivres, dont la composition et la quotité sont déterminées par le directeur des étapes et des services.

Cet approvisionnement est constitué et alimenté, soit par les ressources locales, soit par les trains de ravitaillement quotidien venant des stations-magasins en passant par la gare régulatrice.

Dès l'arrivée des trains à la gare origine d'étapes, les denrées et le matériel sont immédiatement débarqués et pris en charge par le service compétent qui en assure soit le chargement immédiat sur les convois, soit le dépôt dans les magasins du lieu (art. 53 du règlement sur les transports stratégiques);

b) A assurer l'expédition vers l'armée, des denrées, du matériel et des colis particuliers des corps.

Le service de l'intendance utilise à cet effet les convois auxiliaires ou éventuels dont l'organisation et le service sont réglés par le directeur des étapes et des services (titre IX).

Personnels et organes de l'intendance dans les têtes d'étapes.

Art. 108. Les organes fonctionnant dans un commandement de tête d'étapes sont :

Une sous-intendance;

Une gestion des subsistances ayant pour annexe, s'il y a lieu, un parc de bétail (art. 46);

Eventuellement, une gestion de l'habillement et du campement.

Le service de l'intendance des têtes d'étapes est assuré par un personnel d'exécution (officiers d'administration et détachement de commis et ouvriers militaires d'administration) suffisant pour effectuer, concurremment avec des corvées fournies par le commandement d'étapes, la livraison des denrées et du matériel aux points de contact fixés par le commandant de l'armée.

Ce personnel utilise, pour le transport des denrées et du matériel aux points de contact précités, les convois auxiliaires, mis à cet effet à sa disposition.

Lorsque les convois auxiliaires sont affectés au ravitaillement en subsistances, les détachements du train des équipages qui les attellent relèvent de leurs chefs hiérarchiques pour l'administration, la police et la discipline intérieures. Pour tout ce qui concerne l'exécution du service du ravitaillement, ils sont placés sous l'autorité du sous-intendant de la tête d'étapes. Les ordres de mouvement relatifs à ces convois sont adressés à ce fonctionnaire qui est chargé d'en assurer l'exécution et qui les transmet aux officiers du train chefs de détachements, en y ajoutant les instructions particulières qu'il peut avoir à donner.

En raison des déplacements fréquents des têtes d'étapes, la circonscription territoriale des sous-intendances des commandements d'étapes de tête d'étapes ne comprend, à moins d'ordre contraire, que la zone d'action de ces commandements.

Service de l'intendance dans les têtes d'étapes.

Art. 109. Le service spécial de l'intendance des têtes d'étapes consiste :

a) A constituer et à entretenir un approvisionnement fixé par le directeur des étapes et des services (au moins un jour de vivres) soit par l'exploitation des ressources locales, soit, s'il y a lieu, par des demandes adressées au gîte principal précédent (ou à l'origine d'étapes, s'il n'a pas été organisé de gîte principal).

Quotidiennement, sauf avis contraire, la tête d'étapes reçoit un jour de vivres (farine, petits vivres, lard et avoine) expédiés par le gîte principal le plus rapproché (ou par l'origine d'étapes, s'il n'y a pas de gîte principal intermédiaire);

b) A assurer les ravitaillements quotidiens ou éventuels de l'armée en vivres dans les conditions prévues par le chapitre III du titre VII *c)* A assurer la livraison aux troupes et services de l'armée des colis particuliers qui leur sont destinés.

Service dans les gîtes d'étapes.

Art. 110. Les organes fonctionnant dans un *gîte principal* d'étapes sont :

Une sous-intendance, si les ressources en personnel le permettent;

Une gestion des subsistances chargée en même temps du service de l'habillement et du campement, ainsi que des colis particuliers des corps.

Le service spécial de l'intendance dans les gîtes principaux consiste essentiellement (chapitre III du titre VII) :

a) A constituer et à maintenir au complet l'approvisionnement de vivres du gîte principal, à la composition déterminée par le directeur des étapes et des services, soit par l'exploitation des ressources locales, soit en réglant en conséquence les demandes à adresser au gîte principal précédent (ou à l'origine d'étapes, s'il n'a pas été constitué de gîte principal). Dans ce dernier cas, le gîte principal reçoit chaque jour un ou plusieurs jours de vivres;

b) A assurer le ravitaillement de la tête d'étapes ou du premier gîte principal qui l'en sépare. Chaque jour, l'expédition comprend un ou plusieurs jours de vivres (1); elle est réglée, le cas échéant, d'après les demandes reçues à cet effet;

c) A assurer les transports, sur les routes d'étapes, des vivres et du matériel du service de l'intendance, ainsi que des colis particuliers des corps, en utilisant les moyens de transport mis à la disposition du service.

Les *gîtes ordinaires* d'étapes n'ont en général aucun service administratif; ce sont de simples points de passage et de relais.

Matériels du service de l'intendance.

Art. 111. Ces matériels comprennent, d'une manière générale, les matériels du service des subsistances et les matériels de l'habillement et du campement.

______

(1) Article 162.

Au début des opérations, les matériels du service des subsistances sont répartis dans les stations-magasins et dans les réserves générales de matériel de l'intérieur.

Les approvisionnements de station-magasin comprennent :

a) Les matériels de station-magasin nécessaires pour le fonctionnement de la station-magasin (fabrication du pain, exploitation, service du bétail);

b) Les matériels de réserve et de distribution destinés à assurer le service des subsistances dans la zone d'étapes et à satisfaire aux demandes des troupes ou des services de l'armée en opération.

L'intendant de l'armée, avec l'approbation du directeur des étapes et des services, fait diriger en temps utile le matériel nécessaire aux gestions des subsistances dans les commandements d'étapes de la gare régulatrice, des origines d'étapes, têtes d'étapes, ou gîtes principaux d'étapes.

Les stations-magasins se recomplètent sur les « réserves générales de matériel » organisées à l'intérieur dans les conditions fixées par le Ministre.

Un approvisionnement d'objets et ustensiles de campement est constitué en temps de paix dans chaque station-magasin.

Les approvisionnements d'effets d'habillement et d'effets de harnachement de la cavalerie constitués également en temps de paix dans certains magasins administratifs, au titre des stations-magasins, sont expédiés à la mobilisation sur ces derniers établissements. Ces approvisionnements sont destinés à satisfaire aux demandes de l'armée en vue du remplacement des effets perdus ou mis hors de service pendant les opérations.

CHAPITRE VI.

SERVICE DE SANTÉ.

Directeur du service et personnel d'exécution.

Art. 112. Le médecin général ou inspecteur, médecin de l'armée, chef supérieur du service de santé de l'armée est, en même temps, directeur du service de santé des étapes. Il est secondé pour le service des étapes par un médecin principal appelé chef du service de santé des étapes et qui agit par ordre ou par délégation du médecin de l'armée. Il est en outre assisté d'un personnel (médecin, officier d'administration, infirmiers, etc.).

Tout ce personnel fait partie de la direction des étapes et des services.

Les personnels et organes d'exécution comprennent :

1° Éventuellement, les personnels sanitaires du groupe de commandements d'étapes (médecins, officiers d'administration) et des détachements d'infirmiers;

2° Les hôpitaux de campagne d'armée, les hôpitaux de campagne temporairement immobilisés dans la zone d'étapes et les hôpitaux d'évacuation;

3° Les trains sanitaires et les convois d'évacution par eau (personnel et matériel);

4° Les convois auxiliaires ou éventuels lorsqu'ils sont mis à la disposition du service de santé par le directeur des étapes et des services d'une façon permanente ou temporaire;

5° Les hôpitaux auxiliaires de campagne affectés à l'armée ou installés par les sociétés de secours aux blessés dans sa zone, ainsi que les infirmeries d'étapes, les infirmeries de gare ou de port fonctionnant dans cette zone;

6° Les hôpitaux fixes du territoire (permanents ou temporaires) mis à la disposition de l'armée;

7° Les stations-magasins, en ce qui concerne le service de santé.

Les attributions du médecin de l'armée vis-à-vis du personnel ressortissant au service de santé des étapes sont celles dévolues au directeur du service de santé d'un corps d'armée dans son corps d'armée.

Il soumet au directeur des étapes et des services telles propositions qu'il juge utiles pour assurer le bon état sanitaire des troupes et de la population civile, l'évacuation des blessés ou leur hospitalisation sur place, le service médical des personnels et troupes d'étapes et le ravitaillement des formations sanitaires en matériel du service de santé. Il tient en permanence cet officier général au courant de la situation au point de vue des approvisionnements sanitaires, du personnel médical ou d'infirmiers et des blessés ou malades.

Médecins chefs de service.

Art. 113. Afin d'assurer la coordination entre les différentes parties du service, le médecin de l'armée est représenté dans les commandements d'étapes où il est jugé utile par un « médecin chef de service » qui est chargé de centraliser toutes les questions relatives au service de santé dans le commandement d'étapes.

Sauf ordre contraire, les fonctions de médecin chef de service sont remplies par le médecin le plus ancien des formations sanitaires établies dans le ressort du commandement d'étapes. Toutefois, le directeur des étapes et des services peut prescrire que certaines formations sanitaires relèveront immédiatement du médecin de l'armée. Dans ce cas, les médecins chefs de ces formations restent en rapport direct avec les commandants d'étapes pour les affaires locales.

Les médecins chefs de service sont en relations constantes avec les commandants d'étapes pour toutes mesures ou propositions concernant :

L'hygiène et la police sanitaire;

L'organisation du service de santé local au moyen des ressources disponibles ou requises (personnel et matériel);

L'organisation des convois d'évacuation sur les routes ou sur les voies navigables.

Hôpitaux de campagne d'armée.

Art. 114. Les hôpitaux de campagne d'armée (dont le nombre dépend du nombre des corps d'armée entrant dans la composition de l'armée) sont destinés, soit à renforcer les hôpitaux de campagne de corps d'armée, soit à remplacer immédiatement dans les formations sanitaires des corps d'armée ceux de ces hôpitaux qui auraient été temporairement immobilisés dans la zone d'étapes, soit à relever ces hôpitaux.

Ils ont une composition en personnel et en matériel semblable à celle des hôpitaux de campagne des corps d'armée.

Organes d'hospitalisation.

Art. 115. Les formations ou établissements chargés de l'hospitalisation des malades sont :

a) Les hôpitaux de campagne, temporairement immobilisés dans la zone d'étapes, pour traiter sur place les malades et blessés qui ne peuvent être transportés. Un ou plusieurs de ces hôpitaux peuvent être destinés à isoler et à traiter jusqu'à guérison les hommes atteints de maladies épidémiques ou contagieuses;

b) Les hôpitaux et hospices permanents du pays;

c) Les « hôpitaux temporaires du territoire » organisés par les service de santé (1);

d) Les « hôpitaux auxiliaires du territoire » organisés par les sociétés d'assistance (1).

Lorsque le directeur des étapes et des services juge utile de faire venir de l'intérieur des « hôpitaux temporaires ou auxiliaires » ou du personnel complémentaire, il en fait la demande au directeur de l'arrière.

Organes d'évacuation.

Art. 116. Les organes d'évacuation comprennent :

1° Les hôpitaux d'évacuation ou sections d'hôpital d'évacua-

---

(1) On appelle « hôpitaux temporaires du territoire » et « hôpitaux auxiliaires du territoire » des hôpitaux dont l'organisation est arrêtée dès le temps de paix et dont l'ouverture a lieu aux dates fixées pour chacun d'eux par le Ministre.

Les premiers sont constitués par le service de santé militaire, les seconds par les sociétés d'assistance sous la direction du service de santé militaire.

Ils fonctionnent en principe dans les villes où leur organisation est prévue, mais ils peuvent être transportés dans d'autres localités.

tion placés au commandement d'étapes de gare régulatrice, aux gares origines d'étapes (art. 118), aux gares de ravitaillement ou d'évacuation (éventuellement), et aux têtes d'étapes. Les hommes désignés pour être évacués y sont reçus, classés par catégories, et soignés jusqu'au moment de leur mise en route;

2° Les infirmeries d'étapes organisées dans certains commandements d'étapes, soit avec les ressources dont le service de santé dispose, soit avec celles provenant de la réquisition. Dans les gîtes d'étapes, ces infirmeries assurent, indépendamment du service local, l'alimentation des malades et blessés de passage (1); elles recueillent ceux qui ne peuvent continuer leur route et assurent au besoin leur transport sur un hôpital voisin;

3° Les infirmeries de gare qui se trouvent dans la zone d'étapes et qui, par suite, relèvent du directeur des étapes et des services. Ces infirmeries ont, sur les voies ferrées, le même rôle que les infirmeries d'étapes sur les routes d'étapes;

4° Les transports d'évacuation (trains d'évacuation sur les voies ferrées, convois d'évacuation sur les voies de terre et sur les voies navigables), organisés conformément aux dispositions du règlement sur les transports stratégiques et du règlement sur le service de santé en campagne.

Service de santé dans les commandements d'étapes de gare régulatrice.

Art. 117. Le médecin chef de service se concerte avec le commandant d'étapes et le représentant du service des chmins de fer pour l'emplacement et l'installation de l'hôpital d'évacuation qu'il dirige.

Lorsqu'il n'est pas établi de routes d'étapes, son rôle principal consiste à effectuer les évacuations des malades et des blessés de l'armée. A cet effet :

1° Il désigne chaque jour les personnels à envoyer aux gares de ravitaillement par les trains quotidiens, pour recevoir les

___

(1) Le logement des convois d'évacuation est assuré par les commandants d'étapes après entente avec le médecin chef de l'infirmerie.

malades et blessés évacués par l'armée et les ramener à la gare régulatrice. Il pourvoit ces personnels du matériel nécessaire;

2° Il prend les mesures nécessaires pour recevoir les malades et blessés des gares de ravitaillement et constituer les détachements d'évacuation qui doivent être dirigés sur les gares de répartition des malades et blessés à l'intérieur. Ces évacuations ont lieu au moyen de :

Trains sanitaires permanents, trains sanitaires improvisés pour malades et blessés couchés;

Voitures à voyageurs comprises dans des trains ordinaires ou constituant des trains complets pour malades et blessés assis.

Voir le règlement sur les transports stratégiques (art. 68 à 72).

Lorsqu'il est établi des routes d'étapes, le service indiqué ci-dessus pour les gares régulatrices incombe généralement aux gares origines d'étapes (art. 118).

Service aux gares de ravitaillement ou d'évacuation et aux origines d'étapes.
Service aux têtes d'étapes.

Art. 118. Lorsqu'il n'a pas été établi de routes d'étapes, les malades et blessés amenés aux gares de ravitaillement par les corps d'armée y sont reçus et sont évacués sur la gare régulatrice dans les conditions indiquées à l'article 117 ci-dessus.

Lorsqu'en raison de leur nombre ou de la gravité de leurs maladies ou de leurs blessures, les malades et blessés amenés à une gare de ravitaillement ne peuvent être amenés à la gare régulatrice par le retour du train de ravitaillement, le médecin chef de service à la gare de ravitaillement procède immédiatement, en prenant les ordres du commandant d'étapes de gare de ravitaillement, à l'installation des malades ou blessés qu'il ne peut évacuer. Il laisse sur place le personnel et le matériel nécessaires.

Quand il a été organisé des routes d'étapes, le médecin chef de l'hôpital d'évacuation affecté à un commandement d'étapes d'origine d'étapes assure l'installation de cette formation sanitaire conformément aux indications de l'article 117 ci-dessus. Il reçoit les malades et blessés des corps d'armée et assure leur traitement jusqu'au moment de leur évacuation. Les transports d'évacuation partent directement des gares origines d'étapes pour être dirigés sur l'intérieur dans les conditions fixées à l'article 117.

Service aux têtes d'étapes.

Art. 119. Le médecin chef de service à une tête d'étapes doit pourvoir, de concert avec le commandant d'étapes, à l'installation de l'hôpital d'évacuation (ou de la section d'hôpital) affecté à cette tête d'étapes.

Il reçoit les malades et évacués des corps d'armée et les dirige suivant la nature de leurs maladies ou de leurs blessures, soit sur l'hôpital d'évacuation de l'origine d'étapes, soit sur les hôpitaux du pays ou sur les dépôts de convalescents ou éclopés.

Pour l'organisation des transports d'évacuation, il prend les ordres du commandant de la tête d'étapes, notamment en vue de l'utilisation des voitures employées au service des subsistances ou autres services, et voyageant à vide dans la même direction que les convois d'évacuation.

Dépôts de convalescents et éclopés.

Art. 120. Les dépôts de convalescents et éclopés sont formés comme il est dit à l'article 45.

Leur organisation de détail et leur fonctionnement incombent au commandant d'étapes sur le territoire duquel ils sont installés (art. 49).

Cette organisation comporte notamment :

Le classement des hommes par arme ou par corps d'origine, leur groupement et leur encadrement par compagnies, sections, escouades, etc., leur logement, leur administration, service médical, etc.

La détermination du service que peuvent assurer les convalescents et éclopés (plantons, secrétaires, postes, patrouilles, etc)

Le personnel médical est désigné par le directeur des étapes et des services et choisi de préférence parmi les médecins de l'armée active ou ayant appartenu à l'armée active. Le matériel est constitué par un approvisionnement spécial fourni par l'hôpital d'évacuation (art. 121) et par du matériel requis.

Le service fonctionne dans ces dépôts conformément aux prescriptions du règlement sur le service de santé à l'intérieur.

Le directeur des étapes et des services fait former en détachements les hommes redevenus valides et provoque des ordres du commandant de l'armée pour leur envoi à leur corps.

Matériel du service de santé des étapes.

Art. 121. Le service de santé des étapes dispose comme matériel :

Du matériel des hôpitaux de campagne d'armée (art. 114);

Du matériel des hôpitaux d'évacuation qui comprend :

a) Le matériel de l'hôpital proprement dit;

b) Les approvisionnements nécessaires pour l'organisation des trains sanitaires improvisés;

c) Le matériel destiné aux formations sanitaires éventuellement organisées par le service des étapes (dépôts de convalescents et éclopés);

b) Les réserves de médicaments, de pansements et le matériel destinés au ravitaillement des diverses formations sanitaires de l'armée.

De la réserve de matériel de station-magasin qui comprend un certain nombre d'approvisionnements dits de station-magasin, qui se composent de réserves de médicaments et de pansements, d'objets de couchage et de matériels divers.

CHAPITRE VII.

SERVICE DE LA PRÉVÔTÉ.

Chef de service et personnel d'exécution.

Art. 122. Le chef du service de la prévôté de l'armée, prévôt de l'armée, est secondé en ce qui concerne le service de la prévôté d'étapes par un *prévôt d'étapes* (officier supérieur ou capitaine de gendarmerie appartenant à l'armée active).

Le personnel d'exécution dont dispose le prévôt d'étapes comprend :

a) Un lieutenant (ou sous-lieutenant) de gendarmerie qui est chargé en même temps du commandement et de l'administration du détachement de gendarmerie affecté au service des étapes de l'armée (force publique des commandements d'étapes);

b) Les détachements de force publique des commandements d'étapes de l'armée;

c) Des hommes de troupe mis éventuellement à sa disposition pour constituer des patrouilles mixtes.

Service de la prévôté des étapes.

Art. 123. D'une manière générale, le prévôt d'étapes a, dans la zone d'étapes, les mêmes attributions que les prévôts et les commandants de la force publique dans l'arrondissement (1) de leur corps d'armée ou de leur division.

Le service qu'il est chargé de diriger comporte :

a) Le service de police proprement dit;

---

(1) Par arrondissement d'une unité on entend, d'une part le territoire occupé par les troupes de cette unité, de l'autre la zone qui lui est affectée pour sa marche et ses ravitaillements.

b) Le service judiciaire qui fait partie du service prévôtal;

c) La garde des prisonniers (condamnés et prévenus).

Le prévôt de l'armée fait fixer, d'après les ordres du directeur des étapes et des services, la composition des détachements de la force publique (brigades de gendarmerie) à installer dans les commandements d'étapes et éventuellement celle de la brigade de gendarmerie à mettre à la disposition de la commission régulatrice.

Il détermine de même le ressort de chaque brigade et provoque auprès du directeur des étapes et des services les ordres nécessaires pour l'organisation de patrouilles mixtes.

Quand l'armée est desservie par les voies ferrées, il doit y avoir au commandement d'étapes de gare régulatrice un détachement de gendarmerie suffisant pour assurer le service aux gares de ravitaillement (art. 169).

Quand il est organisé des routes d'étapes, le commandant d'étapes de tête d'étapes doit avoir à sa disposition un fort détachement de gendarmerie pour remplir les rôles définis plus loin (art. 126 et 169).

Relations de la gendarmerie du service des étapes avec les autorités militaires.

Art. 124. La gendarmerie du service des étapes ne relève que de ses chefs directs, du directeur des étapes et des services et de son chef d'état-major qui seuls ont le droit de punir, de changer la nature des punitions et de faire cesser celles qui sont commencées.

Dans les commandements d'étapes, les commandants de brigade de gendarmerie relèvent en outre du commandement d'étapes au point de vue du service de police dans l'étendue du commandement d'étapes (art. 126).

Les postes de gendarmerie ou gendarmes appelés à faire un service d'ordre dans les gares sont, pendant la durée de leur mission, sous les ordres du commissaire militaire de la gare.

Lorsqu'un détachement de gendarmerie est affecté à une colonne mobile, son chef relève du commandant de cette colonne et se conforme aux dispositions prévues pour les « commandants de force publique ».

Les officiers et les hommes de troupes de toutes armes sont tenus de déférer aux réquisitions de la gendarmerie (1) lorsqu'elle croit avoir besoin de son appui.

Le prévôt de l'armée fournit au directeur des étapes et des services et les commandants de brigade fournissent aux commandants d'étapes dont ils relèvent, un rapport journalier relatant les faits intéressant la police, les renseignements recueillis, etc.

Service des renseignements.

Art. 125. La gendarmerie coopère au service des renseignements (1).

A cet effet, les commandants de brigade reçoivent directement ou par l'intermédiaire des commandants d'étapes les instructions du chef d'état-major de la direction des étapes et des services. Ils communiquent aux commandants d'étapes, et, le cas échéant, directement au chef d'état-major de la direction des étapes et des services les renseignements qu'ils recueillent.

Service de police proprement dit.

Art. 126. Le service de police proprement dit consiste :

a) A surveiller les militaires isolés, les petits détachements et les individus non militaires attachés à divers titres au service de l'armée (employés, cantiniers, interprètes, etc.);

b) A assurer la police des localités et du territoire et notamment à surveiller les vagabonds et les personnes qui, par leurs allures ou leur profession, peuvent être soupçonnées de se livrer à l'espionnage.

---

(1) Instruction sur le service de la gendarmerie en campagne.
(1) Voir article 24.

En ce qui concerne les militaires, la gendarmerie se conforme aux consignes locales données par le commandant d'étapes. En dehors des localités, elle arrête tout militaire isolé non pourvu de feuille de route et le conduit au commandant d'étapes du territoire.

Elle surveille particulièrement la zone des cantonnements occupés précédemment par les corps d'armée, où peuvent se trouver des éclopés et des traînards. Elle signale aux commandants d'étapes les points où sont des chevaux malades blessés ou abandonnés.

En ce qui concerne les individus non militaires, la gendarmerie arrête tout domestique, employé, vivandier, etc. non pourvu des marques distinctives ou des attestations ou patentes dont il doit être porteur.

Elle surveille les cantiniers, marchands, etc., suivant l'armée et séjournant ou passant dans la zone d'étapes et fait, au besoin, des perquisitions dans leurs voitures et bagages.

En ce qui concerne la police des localités, la gendarmerie, en se conformant aux instructions des commandants d'étapes, exerce une surveillance active sur les étrangers et les gens dépourvus de papiers établissant nettement leur situation. Elle surveille les auberges, les hôtels, les gares, etc.

En pays ennemi, elle surveille les anciens fonctionnaires et employés, les personnes jouissant d'une certaine influence, etc.

Police sanitaire.

Art. 127. La gendarmerie assure strictement l'exécution des mesures sanitaires ordonnées par le directeur des étapes et des services et les commandants d'étapes.

Elle requiert les autorités locales de faire enfouir les issues des animaux abattus, les animaux morts, ou tous les débris insalubres; elle dresse procès-verbal contre les délinquants.

Elle rend compte immédiatement de toute épidémie ou épizootie venant à se produire.

Service judiciaire.

Art. 128. La gendarmerie des étapes remplit, au point de vue judiciaire, le double rôle qui incombe au personnel de la gendarmerie aux armées.

D'une part, conformément à l'article 84 du Code de justice militaire, les officiers, sous-officiers et commandants de brigade de gendarmerie (1) sont officiers de police judiciaire et participent comme tels, soit de leur propre initiative, soit sur les réquisitions des chefs de corps ou service, à la recherche et à la constatation des crimes et délits de la compétence des conseils de guerre aux armées (art. 25 et 26), en se conformant aux articles 83 à 97 et 153 du Code de justice militaire.

D'autre part, le prévôt d'étapes exerce, en vertu de l'article 52 du Code de justice militaire, dans toute l'étendue de la zone d'étapes, la juridiction spéciale définie par l'article 75 du même Code :

1° Sur les vivandiers, cantinières, blanchisseuses, marchands, domestiques et toutes personnes à la suite de l'armée en vertu de permissions;

2° Sur les vagabonds et gens sans aveu;

3° Sur les prisonniers de guerre qui ne sont pas officiers, ou qui l'étant, ont perdu cette qualité et ne sont plus considérés et traités que comme simples soldats (1).

Le prévôt d'étapes juge, à ce titre, tous les délits et contraventions de sa compétence qui lui sont déférés, soit par le personnel de la gendarmerie sous ses ordres, soit par les chefs de corps et de service des étapes.

Garde des prisonniers (condamnés et prévenus).

Art. 129. Quand il est installé une prison dans la zone d'étapes, le prévôt d'étapes se conforme, pour l'aménagement des

---

(1) Dans certains cas, le commandant de brigade peut être un gendarme.

(1) Voir règlement sur les prisonniers de guerre.

locaux, le régime, la police, la surveillance de la prison, l'alimentation des prisonniers, les transfèrements, aux prescriptions des règlements et aux instructions que le directeur des étapes et des services a données au prévôt de l'armée.

Le prévôt d'étapes demande le concours du commandant d'étapes pour l'installation de la prison, le service de surveillance (poste, etc.) et l'alimentation des prisonniers.

Réserve de matériel.

Art. 130. Le matériel de complément nécessaire (archives, matériel prévôtal, etc.) doit être demandé au Ministre.

CHAPITRE VIII.

SERVICE VÉTÉRINAIRE.

Chef de service et personnel d'exécution.

Art. 131. Le chef du service vétérinaire de l'armée est en même temps chef du service vétérinaire des étapes. Pour le service des étapes, il est assisté d'un vétérinaire en premier appartenant ou ayant appartenu à l'armée active et d'un vétérinaire en 2° ou aide-vétérinaire (de réserve ou de l'armée territoriale).

Il n'est pas prévu de personnel spécial pour le service vétérinaire : le chef du service doit demander au directeur des étapes et des services et aux commandants d'étapes le personnel dont il a besoin.

Ce personnel pourra comprendre notamment :

a) Des vétérinaires militaires détachés temporairement au service des étapes;

b) Des vétérinaires civils requis;

c) Des gradés et des hommes pris dans les troupes d'étapes ou dans le personnel des commandements d'étapes;

d) Des gradés et des hommes détachés des dépôts de convalescents et éclopés et choisis à cet effet (art. 120).

Service vétérinaire des étapes.

Art. 132. Les fonctions du chef du service vétérinaire consistent dans la zone d'étapes de l'armée :

a) A organiser des dépôts de chevaux blessés;

b) A assurer la surveillance des parcs de bétail au point de vue de l'hygiène du bétail;

c) A prévoir et à prendre les mesures prophylactiques contre l'éclosion et l'évolution de maladies contagieuses;

d) A recueillir les renseignements de nature à faciliter, le cas échéant, l'achat et la réquisition des chevaux pour la remonte de l'armée;

e) A organiser les petits dépôts servant à recevoir les chevaux destinés à alimenter les dépôts de remonte mobiles des corps d'armée.

Ressorts vétérinaires.

Art. 133. Toutes les fois que cela est utile, le directeur des étapes et des services crée des ressorts vétérinaires. Dans chacun de ces ressorts, un vétérinaire, désigné comme chef du service, centralise les questions relatives à ce service, notamment en vue de prendre les mesures prophylactiques contre l'éclosion et l'évolution de maladies infectieuses ou contagieuses.

Ces vétérinaires, chefs de ressorts, fournissent au directeur des étapes et des services des comptes rendus périodiques par l'intermédiaire du chef du service vétérinaire de l'armée.

Dépôts de chevaux malades ou blessés.

Art. 134. Les dépôts de chevaux malades ou blessés sont formés comme il est dit à l'article 45.

Leur organisation de détail et leur fonctionnement incombent au commandant d'étapes sur le territoire duquel ils sont installés (art. 49).

Le personnel placé sous les ordres de l'officier commandant le dépôt comprend : un vétérinaire chef de service, des sous-officiers, brigadiers et soldats et des personnels civils requis (maréchaux ferrants, etc.).

L'officier commandant le dépôt et le vétérinaire chef de service peuvent, dans les dépôts importants, avoir à leur disposition des officiers adjoints ou des vétérinaires adjoints.

Le vétérinaire chef de service a la direction technique du service (1), mais il est subordonné à l'officier commandant le dépôt quel que soit son grade.

Les chevaux versés dans les dépôts sont rayés des contrôles des corps de troupe.

Les chevaux appartenant à l'État, impropres à tout service, sont vendus ou abattus, ceux qui sont encore utilisables pour le servcie local dans les commandements d'étapes sont versés à ce service; ceux qui sont aptes à un service de guerre sont versés dans les *petits dépôts de remonte* (art. 135).

Dans les dépôts situés dans la zone d'étapes, la réforme des chevaux est prononcée sur la proposition du vétérinaire chef de service du dépôt par l'autorité désignée par le directeur des étapes et des services.

L'affectation des chevaux guéris du service des étapes ou du petit dépôt de remonte est prononcée par le directeur des étapes et des services ou par l'autorité qu'il délègue à cet effet.

---

(1) Voir règlement sur le service vétérinaire (14 mai 1896).

Remonte.

Art. 135. Le directeur des étapes et des services donne des instructions au chef du service vétérinaire en vue de rechercher les ressources que pourrait offrir la zone d'étapes au point de vue de la remonte.

Les chevaux achetés ou provenant des dépôts de chevaux malades ou blessés (art. 134) sont réunis en *petits dépôts de remonte* qui servent à alimenter les dépôts de remonte mobiles des corps d'armée.

Pour recompléter les dépôts de remonte mobiles, le directeur des étapes et des services forme les chevaux en détachements et provoque les ordres du commandant de l'armée pour leur mise en route.

Bétail.

Art. 136. Le chef du service vétérinaire désigne des vétérinaires militaires (ou civils) pour inspecter les parcs et entrepôts de bétail organisés dans la zone d'étapes. Pour la partie administrative de ce service d'inspection, les vétérinaires relèvent des fonctionnaires de l'intendance.

Matériel vétérinaire.

Art. 137. Les médicaments et objets nécessaires pour le recomplètement des cantines vétérinaires et pour le fonctionnement des infirmeries vétérinaires qui peuvent être organisées dans les commandements d'étapes sont achetés ou requis.

Certains médicaments peuvent être cédés par le service de santé des étapes.

Le chef du service vétérinaire de l'armée prend à cet effet les instructions du directeur des étapes et des services.

CHAPITRE IX.

SERVICE DE LA TRÉSORERIE ET DES POSTES (1).

Chef du service et personnel d'exécution.

Art. 138. Le payeur d'armée est en même temps chef du service de la trésorerie et des postes d'étapes. Il est assisté d'un personnel (agents et sous-agents) qui fait partie de la direction des étapes et des services

Les *personnels d'exécution* comprennent :

1° Les agents supérieurs, agents et sous-agents du service de la trésorerie et des postes qui font partie des personnels des commandements d'étapes (*personnel technique*);

2° Les conducteurs de voitures ou d'automobiles mis à la disposition du service de la trésorerie et des postes d'étapes.

Dans le personnel technique, on distingue :

a) Le *personnel sédentaire* des bureaux et des bureaux annexes de payeurs; chaque bureau de payeur est dirigé par un payeur particulier et comprend des payeurs adjoints, des commis de trésorerie et des sous-agents (gardiens de caisse) désignés par le chef de service; un bureau annexe de payeur est dirigé par un payeur adjoint et comprend un commis de trésorerie et un sous-agent (gardien de caisse);

b) Le *personnel mobile*, savoir :

Les agents mobiles qui sont payeurs adjoints ou commis de trésorerie (1).

---

(1) Voir l'instruction du 11 juillet 1901 sur le service de la trésorerie et des postes d'étapes.

(1) La qualification d'agent mobile désigne une fonction et non un grade dans la hiérarchie spéciale du service de la trésorerie et des postes.

Les courriers conducteurs (sous-agents de la trésorerie et des postes);

En ce qui concerne leur service spécial, les conducteurs sont tenus de se conformer aux ordres des agents de la trésorerie et des postes et des courriers conducteurs.

Service de la trésorerie et des postes d'étapes.

Art. 139. Le service de la trésorerie et des postes d'étapes consiste principalement :

1° A assurer le ravitaillement des caisses de l'armée et à établir les communications postales sur la partie de la ligne de communication comprise entre la gare régulatrice, près de laquelle est installé le bureau frontière et les points de contact avec les équipages de l'armée (gares de ravitaillement ou têtes d'étapes);

2° A pourvoir dans toute l'étendue de la zone d'étapes à l'exécution du double service du Trésor et de la poste.

A cet effet, le service de la trésorerie et des postes utilise les voies ferrées toutes les fois et aussi longtemps que cela est possible. Lorsque les voies ferrées sont interrompues, ou lorsque les éléments à desservir en sont trop éloignés, il utilise les routes d'étapes.

Le service dans la zone d'étapes consiste notamment :

a) A effectuer dans cette zone toutes les opérations du Trésor prévues par les règlements en vigueur, y compris le ravitaillement des caisses des payeurs d'étapes;

b) A effectuer toutes les opérations postales à destination ou en provenance de la zone d'étapes (remise ou enlèvement de la correspondance, payement ou délivrance des mandats et bons de poste, etc.);

c) A prendre toutes les mesures utiles concernant la correspondance civile du territoire compris dans la zone d'étapes;

d) En territoire ennemi, à concourir avec les commandants d'étapes à l'exécution des instructions spéciales du directeur des étapes et des services concernant la surveillance des correspondances particulières.

En toutes circonstances, les commandants d'étapes doivent s'efforcer de faciliter le service de la trésorerie et des postes, sans s'immiscer toutefois dans le fonctionnement technique du service.

Suivant leurs ressources en personnel ils fournissent aux payeurs, sur leur demande, des postes ou escortes d'un effectif proportionné à l'importance du service à assurer.

Bureau frontière.

Art. 140. Un bureau civil, dit « *bureau frontière* » relevant de l'administration des postes du territoire (qui est chargée de son organisation) est installé à la gare régulatrice dans des conditions analogues à celles prévues pour le bureau de payeur de gare régulatrice (art. 141).

Le courrier postal à destination de l'armée est dirigé sur le bureau frontière par les soins de l'administration des postes.

Le bureau frontière remet au bureau de payeur de gare régulatrice les correspondances destinées aux troupes en opérations et aux personnels et troupes de la zone d'étapes.

Inversement, les correspondances en provenance de l'armée et à destination du territoire sont délivrées par le bureau de payeur de gare régulatrice au bureau frontière chargé d'en assurer la transmission.

Bureau de payeur de gare régulatrice.

Art. 141. Le service de la trésorerie et des postes d'étapes a son origine au bureau de ce service qui est organisé par le payeur de l'armée au commandement d'étapes de gare régulatrice. Ce bureau, appelé « *bureau de payeur de gare régulatrice* », qui est placé le plus près possible des bâtiments de la gare régulatrice, est installé (sous réserve de l'autorisation du service des chemins de fer), dans les bâtiments mêmes de la gare.

Une réserve de numéraire y est constituée.

Le bureau de payeur de gare régulatrice est chargé de l'acheminement vers l'armée des fonds et du courrier postal reçus du bureau frontière, il est en conséquence, fortement constitué en personnel.

Les personnels de la trésorerie et des postes des commandements d'étapes qui se trouvent momentanément sans affectation à la gare régulatrice (art. 146) renforcent le personnel du bureau de payeur de gare régulatrice.

Fonctionnement du service quand il n'est pas organisé des routes d'étapes.

Art. 142. Le transport des fonds et de la correspondance de la gare régulatrice aux gares de ravitaillement s'effectue en utilisant les trains de ravitaillement quotidien (art. 152 à 157).

Les convoyeurs sont pris parmi le *personnel mobile* qui se trouve à la gare régulatrice. Ils effectuent la livraison des fonds et de la correspondance au service de la trésorerie et des postes de 1re ligne aux gares de ravitaillement, et y reçoivent en échange le courrier postal remis par ce service.

Ce courrier parvient par le retour des trains de ravitaillement quotidien au bureau frontière qui le dirige sur sa destination.

En cas de ciconstances pressantes, des fonds ou des courriers à destination de l'armée peuvent être acheminés vers l'avant par des trains autres que ceux du ravitaillement quotidien, après avis télégraphique aux organes intéressés du service de 1re ligne. Dans certains cas, le payeur de gare régulatrice, après entente avec le commissaire de la gare régulatrice, peut faire charger un motocycle ou une automobile sur le train portant le courrier. L'envoi est alors convoyé par le personnel mobile jusqu'au quartier général intéressé.

Le service spécial de la zone d'étapes est assuré par le bureau de payeur de gare régulatrice, et, au besoin, par d'autres bureaux ou bureaux annexes de payeurs dont le directeur des étapes et des services peut, sur la proposition du payeur de l'armée, prescrire l'établissement permanent ou temporaire. Le personnel de ces bureaux est alors prélevé sur celui qui renforce le bureau de gare régulatrice.

Quant au transport des fonds et de la correspondance entre le bureau de gare régulatrice d'une part, et, d'autre part, les commandements d'étapes ou les bureaux (ou bureaux annexes) de payeurs installés dans la zone d'étapes, il est assuré, suivant les circonstances, soit par voie ferrée, soit à l'aide de voitures de réquisition, de voitures automobiles, ou encore de bicyclettes (correspondance seulement).

Fonctionnement du service quand il est organisé des routes d'étapes.

Art. 143. Lorsqu'il est organisé des routes d'étapes, des bureaux de payeur sont créés à l'origine d'étapes, à la tête d'étapes, et, si la nécessité en est reconnue, dans les gîtes principaux d'étapes et dans les gîtes d'étapes.

Le fonds et la correspondance son transportés et convoyés de la gare régulatrice à l'origine d'étapes dans les conditions indiquées à l'article 142.

Entre l'origine d'étapes et la tête d'étapes le transport s'effectue par le personnel mobile et les voitures rattachées au bureau d'origine d'étapes.

Ce transport s'effectue entre la tête d'étapes et les points de contact avec le service de 1re ligne à l'aide du personnel mobile et des automobiles ou voitures rattachées au bureau de payeur de tête d'étapes.

Toutefois, si la distance entre l'origine d'étapes et les points de contact n'est pas trop grande, le courrier postal peut, sur la proposition du payeur d'armée, être amené et reçu auxdits points de contact, directement par le personnel et les automobiles du bureau d'origine d'étapes sans intervention du bureau de tête d'étapes.

Le personnel des bureaux et bureaux-annexes de payeur organisés dans les divers commandements d'étapes est prélevé suivant les instructions du directeur des étapes et des services et sur la proposition du payeur d'armée sur le personnel de la trésorerie et des postes de la réserve des personnels d'étapes (art. 146).

Dans un commandement d'étapes non pourvu de bureau ou

de bureau annexe de payeur, le service de la trésorerie et des postes est assuré par le bureau ou bureau annexe de payeur d'un autre commandement désigné par le directeur des étapes et des services sur la proposition du payeur d'armée. Dans ce cas, le commandant d'étapes dont relève le bureau ou bureau annexe de payeur doit prendre, en ce qui le concerne, les mesures nécessaires pour assurer le service du commandement non pourvu de bureau.

L'échange de la correspondance à destination ou en provenance des bureaux de gîte principal d'étapes et de gîte d'étapes et des commandements d'étapes non pourvus de bureau se fait chaque jour en des points et à des heures déterminés. Un agent mobile de bureau de payeur chargé de desservir lesdits commandements d'étapes passe chaque jour en ces points aux heures fixées par le directeur des étapes et des services, sur la proposition du payeur d'armée.

Quant au ravitaillement en numéraire des bureaux de payeur installés dans la zone d'étapes, il s'effectue dans les conditions indiquées à l'article 142, dernier alinéa, par le bureau de payeur désigné suivant les instructions du directeur des étapes et des services sur la proposition du payeur d'armée.

Numéraire.

Art. 144. Quand il n'est pas établi de routes d'étapes, il n'est constitué dans la zone d'étapes qu'une réserve de numéraire au bureau de payeur de gare régulatrice.

Quand il est organisé des routes d'étapes, il est constitué, en principe, une deuxième réserve de numéraire à chaque tête d'étapes; ces réserves alimentent les caisses de 1re ligne et sont ravitaillées par la réserve de numéraire du bureau de payeur de gare régulatrice.

Vaguemestre d'étapes.

Art. 145. Dans toutes les localités sièges de commandements d'étapes il est institué un vaguemestre d'étapes.

Le vaguemestre d'étapes est un sous-officier choisi par le commandant d'étapes qui lui délivre une commission. Le commandant d'étapes rend compte de cette nomination au directeur des étapes et des services qui en informe le payeur d'armée.

Le vaguemestre d'étapes est placé sous l'autorité et la surveillance immédiate du commandant d'étapes et se conforme aux instructions techniques des agents du service de la trésorerie et des postes dont il relève pour son service spécial.

Lorsque des agents ou sous-agents du service de la trésorerie et des postes ont une plainte à formuler contre un vaguemestre d'étapes, ils doivent s'adresser au commandant d'étapes.

Les fonctions de vaguemestre d'étapes sont définies par une instruction spéciale (1).

Leur service consiste principalement à desservir directement, ou par l'intermédiaire des vaguemestres des corps ou services, les corps, détachements ou isolés relevant du commandement d'étapes et à faire l'échange de la correspondance (art. 143, avant-dernier alinéa), quand il n'y a pas de bureau de payeur dans la localité.

Réserve de personnel et de matériel.

Art. 146. Les agents et sous-agents du service de la trésorerie et des postes compris dans le personnel des commandements d'étapes, et momentanément sans affectation, font partie de la réserve des personnels d'étapes qui est répartie entre les emplacements (gare régulatrice, origine d'étapes, tête d'étapes, etc...) assignés par le directeur des étapes et des services (art. 42).

La réserve de matériel technique est de même répartie entre ces divers emplacements.

Lorsqu'il est organisé des routes d'étapes, le payeur d'armée répartit les voitures du service de la trésorerie et des postes d'étapes entre les bureaux de gare régulatrice, d'origine d'étapes et de tête d'étapes. Il laisse à la disposition du payeur de

---

(1) Instruction du 11 juillet 1901 pour le personnel secondaire de la trésorerie et des postes d'étapes.

gare régulatrice le nombre de voitures nécessaires pour assurer le service dans la zone desservie directement par ce bureau et pour pouvoir organiser, le cas échéant, un transport par route entre la gare régulatrice et l'origine d'étapes.

TITRE VII

Ravitaillements et évacuations.

CHAPITRE Ier.

RAVITAILLEMENTS ET ÉVACUATIONS EN GÉNÉRAL (1).

Division en deux catégories.

Art. 147. D'une manière générale on distingue dans l'exécution du service :

a) Les ravitaillements et évacuations quotidiens;

b) Les ravitaillements et évacuations éventuels.

Ravitaillements et évacuations quotidiens.

Art. 148. Le *ravitaillement quotidien* comprend le ravitaillement en vivres à distribuer normalement et journellement aux troupes (pain, petits vivres, lard, avoine).

Dans des cas exceptionnels, et pour une période déterminée, certains autres approvisionnements peuvent, en outre, sur l'ordre du directeur des étapes et des services, entrer dans la composition des ravitaillements quotidiens (viande fraîche ou de conserve, potage condensé, etc.).

Le ravitaillement quotidien s'exécute, en principe, sans demande préalable. Chaque jour, le service des étapes doit avoir

---

(1) Voir également article 22.

à sa disposition un jour de vivres, soit dans la zone d'action de la commission régulatrice, soit aux têtes d'étapes; le directeur des étapes et des services donne à cet effet toutes les indications utiles.

Les ordres du général commandant l'armée, indiquant les points et heures de contact entre les services de l'avant et ceux de l'arrière, sont adressés directement (en même temps qu'aux commandants de corps d'armée, aux éléments d'armée et au directeur des étapes et des services) :

1° Dans le cas où les troupes peuvent être ravitaillées directement par les voies ferrées, à la commission régulatrice;

2° Quand des routes d'étapes ont été organisées, aux commandants des têtes d'étapes.

Les évacuations journalières s'exécutent de même sans demande préalable des corps d'armée, par les moyens de transport qui ont servi au ravitaillement quotidien.

Ravitaillements éventuels.

Art. 149. Tous les ravitaillements qui ne font pas partie du ravitaillement quotidien en vivres sont des *ravitaillements éventuels*.

Les ravitaillements éventuels résultent des demandes relatives aux différents services que le directeur des étapes et des services reçoit directement des corps d'armée et éléments d'armée (art. 22).

Pour y donner satisfaction, il procède comme il suit :

a) Si les ressources dont il dispose dans la zone d'étapes ou à la gare régulatrice sont suffisantes pour répondre à ces demandes, le directeur des étapes et des services fixe, en se conformant aux instructions du commandant de l'armée et, s'il y a lieu, après entente avec la commission régulatrice, les jours, heures et points de livraison des approvisionnements ou du matériel aux corps d'armée ou aux éléments d'armée.

Il notifie ensuite directement, pour exécution, aux commandants de corps d'armée, aux éléments d'armée et aux autorités intéressées du service des étapes, les dispositions arrêtées pour le ravitaillement.

b) Si les approvisionnements demandés se trouvent dans les stations-magasins affectées à l'armée, le directeur des étapes et des services adresse les commandes aux commissaires militaires des stations-magasins. Il en avise en même temps la commission régulatrice en lui faisant connaître l'ordre d'urgence des transports.

c) Dans les autres cas, le directeur des étapes et des services adresse ses demandes au directeur de l'arrière. Lorsque ce dernier a fait connaître la solution intervenue, le directeur des étapes et des services en avise la commission régulatrice.

La commission régulatrice avise le directeur des étapes et des services de l'arrivée de toute expédition faite en vertu des paragraphes *b)* et *c)*; celui-ci, d'après les instructions du commandant de l'armée et les renseignements fournis par la commission régulatrice, fixe les gares de ravitaillement, dates et heures auxquelles les corps et services destinataires devront prendre livraison de ces expéditions.

Ces dispositions sont notifiées directement pour exécution aux autorités intéressées dans la forme indiquée au paragraphe *a)* ci-dessus.

Évacuations éventuelles.

Art. 150. Les demandes relatives aux *évacuations éventuelles* (évacuation de blessés après une bataille, évacuation de matériel, etc.) sont également adressées au directeur des étapes et des services.

Le personnel ou le matériel à évacuer sont remis au service des étapes qui les achemine, s'il y a lieu, jusqu'à la voie ferrée à l'aide des moyens dont il dispose dans la zone d'étapes (convois d'évacuation, voir titre IX).

Pour évacuer ensuite ce personnel ou ce matériel sur l'intérieur lorsqu'ils exigent des trains spéciaux, le directeur des étapes et des services adresse ses demandes à la commission régulatrice.

Ces demandes spécifient :

Pour le matériel : la nature du matériel et le nombre approximatif de wagons nécessaires au transport.

Pour le personnel :

Le nombre d'hommes validés ;

Le nombre de malades ou blessés { devant voyager couchés; pouvant voyager assis;

Le directeur des étapes et des services fait connaître, en outre, à la commission régulatrice :

1° Par ordre de préférence, les gares où les embarquements pourraient être effectués;

2° La date et l'heure à partir desquelles ces embarquements pourraient commencer.

La commission régulatrice indique au directeur des étapes et des services les gares, dates et heures où les embarquements auront lieu.

De la gare régulatrice :

1° Le matériel est expédié sur le point de destination, soit directement, soit en passant par la station-magasin;

2° Le personnel est dirigé : les malades et les blessés sur les gares de répartition des malades et blessés de l'intérieur et les prisonniers sur le point de destination fixé par le Ministre.

— Personnel de remplacement. — Colis des corps.

Art. 151. Le directeur des étapes et des services reçoit des corps d'armée et éléments d'armée les demandes concernant l'envoi de personnel de remplacement (officiers, hommes de troupe et chevaux).

Ces demandes sont adressées au directeur de l'arrière qui les transmet, s'il y a lieu, au Ministre en indiquant leur ordre d'urgence.

Toutefois, dans les cas déterminés par les règlements ou les instructions du Ministre, les corps de troupe peuvent adresser directement leurs demandes de personnel ou de petit matériel (colis des corps) à leur dépôt; ces demandes sont transmises par l'intermédiaire du commandant de corps d'armée et du commandant de la région territoriale à l'intérieur. Les dépôts dirigent leurs envois sur la gare de rassemblement qui les réexpédie sur la gare régulatrice desservant l'armée.

CHAPITRE II.

EXÉCUTION DES RAVITAILLEMENTS ET ÉVACUATIONS SUR LES VOIES FERRÉES.

Fonctionnement général.

Art. 152. Toutes les expéditions à destination de l'armée sont dirigées sur la gare régulatrice. Elles sont effectuées soit par des trains réguliers, soit par des trains facultatifs dont la mise en marche est laissée à la disposition de la commission régulatrice.

La commission régulatrice donne connaissance au commandant de l'armée et au directeur des étapes et des services des limites de la zone qui lui est affectée.

Dès son installation et chaque fois qu'il est nécessaire, elle leur fait connaître (1) les gares qui pourront être utilisées par l'armée comme gares de ravitaillement, ainsi que leur rendement au point de vue du ravitaillement.

D'après ces renseignements, le commandant de l'armée désigne les gares, dates et heures auxquelles s'effectueront les ravitaillements des corps d'armée et *éléments d'armée* (2). De son coté, le directeur des étapes et des services agit de même pour les éléments placés sous ses ordres.

En outre, d'après les instructions du commandant de l'armée, le directeur des étapes et des services s'entend avec la commission régulatrice pour déterminer les gares, jours et heures, où s'exécuteront les ravitaillements éventuels et les évacuations exigeant des trains complets au départ des gares.

---

(1) Par télégramme multiple.
(2) Il a soin de spécifier les gares où se ravitailleront les quartiers généraux d'armée et de corps d'armée.

Les ravitaillements quotidiens sont assurés par des trains appelés « trains de ravitaillement quotidien », qui sont mis en marche tous les jours entre la gare régulatrice et les gares de ravitaillement par les soins de la commission régulatrice.

Ces trains assurent au retour, sans qu'il soit fait de demande spéciale, les évacuations quotidiennes des gares de ravitaillement sur la gare régulatrice.

Les trains de ravitaillement quotidien sont utilisés, en outre, à l'aller et au retour, pour le courrier postal (art. 142 et 143), et d'une manière générale, pour le transport des isolés et détachements à destination ou en provenance de l'armée.

Les ravitaillements éventuels sont assurés, s'il est possible, par les trains du service quotidien, et, en cas d'insuffisance de ces trains, par des trains supplémentaires qui sont mis en marche par la commission régulatrice sur la demande du directeur des étapes et des services.

Afin de ne pas retarder le retour vers la gare régulatrice des trains de ravitaillement quotidien, les grandes unités qui ne pourront prendre livraison des approvisionnements à elles destinés auront à en faire aviser directement le commandant d'étapes de la gare de ravitaillement. Il en sera de même, le cas échéant, pour tout ravitaillement éventuel, indépendamment des comptes rendus à adresser à ce sujet au directeur des étapes et des services.

Ravitaillements et évacuations quotidiens.

Art. 153. Les directeurs des étapes et des services doivent être constamment en mesure d'assurer le ravitaillement quotidien de leur armée.

A cet effet, ils règlent leurs commandes aux stations-magasins, de façon à avoir toujours un jour de vivres disponible pour l'effectif de leur armée à la gare régulatrice ou dans une gare voisine. Ces vivres, dont la composition est fixée par le directeur des étapes et des services, restent sur wagons. Sauf ordre contraire, il est expédié chaque jour aux gares de ravitaillement par les trains de ravitaillement quotidien un jour complet de vivres pour l'effectif à desservir; les vivres dont il n'est pas pris livraison sont ramenés à la gare régulatrice.

En raison de la régularité des évacuations et ravitaillements quotidiens, le directeur des étapes et des services ne donne à la commission régulatrice que des instructions générales. C'est le commandant d'étapes de la gare régulatrice qui est chargé, par délégation du directeur des étapes et des services, de régler, de concert avec la commission régulatrice, les détails de fonctionnement de ces ravitaillements et évacuations. Il lui appartient notamment de suspendre ou de modifier les envois de vivres de la station-magasin en vue de maintenir les approvisionnements de la gare régulatrice à la composition fixée par le directeur des étapes et des services (art. 65).

Service quotidien entre la gare régulatrice et les gares
de ravitaillement.

Art. 154. La commission régulatrice donne au commandant d'étapes de gare régulatrice tous les renseignements relatifs à la marche des trains de ravitaillement quotidien (heures de départ, itinéraire, destination).

Le commandant d'étapes de gare régulatrice communique ces renseignements aux chefs de service du commandement d'étapes.

Il fait connaître au service de l'intendance les quantités de vivres à expédier sur chaque gare de ravitaillement par les trains visés ci-dessus (un jour complet de pain, petits vivres, lard et avoine).

Le service de l'intendance lui indique :

1° Les wagons à diriger sur chaque gare de ravitaillement. Il établit les titres de transport nécessaires;

2° Le personnel à embarquer dans les trains de ravitaillement quotidien pour assurer les opérations incombant au service de l'intendance aux gares de ravitaillement. Le commandant d'étapes de gare régulatrice centralise ces renseignements avec ceux qui lui sont donnés par les autres chefs de service (1) concernant le personnel et le matériel à embarquer dans les trains de ravitaillement quotidien (effectif, tonnage, etc.).

____

(1) Voir en particulier articles 117 et 156.

Il détermine la composition et l'effectif des détachements de troupe à diriger sur chaque gare de ravitaillement. Il notifie tous ces renseignements à la commission régulatrice.

Tout le personnel militaire transporté par un train de ravitaillement à destination d'une même gare de ravitaillement est placé sous les ordres d'un officier chef de détachement : le commandant d'étapes de la gare régulatrice donne, s'il y a lieu, des consignes spéciales aux chefs de détachements, qui rempliront les fonctions de commandant d'étapes aux gares de ravitaillement.

Les commandants d'étapes de gares de ravitaillement et les commissaires de gare ont entre eux les relations prévues à l'article 62.

Lorsque le commandement d'étapes de la gare de ravitaillement est confié au commissaire militaire de la gare de ravitaillement, celui-ci relève au point de vue du service des étapes du commandant d'étapes de gare régulatrice dont il prend les instructions.

Service quotidien entre les gares de ravitaillement et la gare régulatrice.

Art. 155. Aussitôt qu'elle a arrêté les itinéraires de retour à la gare régulatrice des trains revenant des gares de ravitaillement, la commission régulatrice en donne connaissance au commandant d'étapes de la gare régulatrice.

D'autre part, les officiers remplissant les fonctions de commandant d'étapes aux gares de ravitaillement, télégraphient, aussitôt que possible, au commandant d'étapes de la gare régulatrice l'effectif du personnel et la nature du matériel transportés par les trains revenant de la gare régulatrice.

Le commandant d'étapes de la gare régulatrice notifie ces renseignements aux chefs de service de son commandement afin qu'ils puissent prendre toutes les dispositions que comporte la réception de ce personnel et de ce matériel.

Ravitaillements et évacuations éventuels.

Art. 156. Les relations entre le service des étapes et la commission régulatrice pour l'exécution des ravitaillements et évacuations éventuels sont définis par l'article 149 et 150 ci-dessus.

Lorsque des ravitaillements ou évacuations éventuels demandés par le service des étapes peuvent être effectués par les trains de ravitaillement quotidien (art. 152), le commandant d'étapes de la gare régulatrice en est avisé par la commission régulatrice; il informe immédiatement les services intéressés du commandement d'étapes.

Lorsque l'importance du transport exige la mise en marche de trains spéciaux, le commandant d'étapes prend des mesures analogues à celles prévues pour le service quotidien (art. 154).

Colis des corps et envois de numéraire.

Art. 157. En principe, les colis des corps et services et les fonds à destination de l'armée sont expédiés de la gare régulatrice sur les gares de ravitaillement par les trains de ravitaillement quotidien.

Dans les cas où ces expéditions ne pourraient être faites par les trains de ravitaillement quotidien, le transport et la remise aux autorités intéressées des colis des corps ou du numéraire seraient assurés dans les conditions indiquées pour les ravitaillements éventuels (art. 149).

Cas où il est créé des routes d'étapes.

Art. 158. Dans ce cas, les trains de ravitaillement sont dirigés, par la commission régulatrice, sur les gares désignées comme origines d'étapes; c'est en ces points que le service des étapes prend livraison des approvisionnements et du matériel, et remet au service des chemins de fer le personnel et le matériel à évacuer.

CHAPITRE III.

EXÉCUTION DES RAVITAILLEMENTS ET ÉVACUATIONS SUR LES ROUTES D'ÉTAPES.

Etablissement du contact entre l'avant et l'arrière.

Art. 159. Le commandant de l'armée indique chaque jour l'emplacement de la tête d'étapes (art. 43) sur chaque route d'étapes, les éléments qu'elle doit desservir et les points et heures où la tête d'étapes devra se mettre en liaison avec les services et les équipages des corps d'armée et éléments d'armée.

En général, il y a intérêt, tant au point de vue des ravitaillements et des évacuations que de la police et de l'occupation du territoire, à pousser la tête d'étapes au contact des derniers éléments des corps d'armée. Dans tous les cas, il y aurait de graves inconvénients pour son fonctionnement à la maintenir à plus de deux étapes de ces éléments.

Ravitaillements et évacuations quotidiens à la tête d'étapes.

Art. 160. La tête d'étapes doit être constamment en mesure d'assurer le ravitaillement quotidien. A cet effet, elle doit avoir toujours un jour de vivres disponibles sur roues, pour l'effectif total des troupes qu'elle est appelée à desservir.

Cet approvisionnement d'un jour de vivres est constitué, soit au moyen des ressources locales, soit par les envois journaliers du gîte principal précédent (ou de l'origine d'étapes, s'il n'a pas encore été organisé de gîte principal). La nature et les quantités de vivres composant ces envois journaliers sont déterminées par le commandant d'étapes de la tête d'étapes, par délégation du directeur des étapes et des services.

Les vivres dont les corps ou services de l'avant n'ont pas pris livraison aux points de contact indiqués par le commandant de l'armée (art. 159) restent sur roues et à la disposition des services d'étapes. Les mouvements et les stationnements des équipages et détachements envoyés à ces points de contact sont réglés par le commandant de la tête d'étapes.

La tête d'étapes reçoit aux points où elle a assuré les ravitaillements et dirige sur la gare origine d'étapes le personnel et le matériel évacués par l'armée. Une ou plusieurs sections d'hôpital d'évacuation doivent, par suite, fonctionner à la tête d'étapes.

Ravitaillements et évacuations éventuels.

Art 161. Les ravitaillements et évacuations éventuels sur les routes d'étapes s'effectuent comme il est indiqué aux articles 149 et 150.

Le directeur des étapes et des services doit prévoir ou prescrire les mesures à prendre pour satisfaire dans les meilleures conditions possibles aux demandes qu'il reçoit. Mais il ne devra pas être perdu de vue que si les ressources nécessaires n'existent pas à la tête d'étapes ou à proximité de cet organe, il ne pourra être donné satisfaction à ces demandes que dans un délai parfois très long.

Exécution du service entre les gares origines d'étapes et les têtes d'étapes.

Rôles des gîtes principaux d'étapes.

Art. 162. Le rôle des gîtes principaux d'étapes, au point de vue des ravitaillements, est de pourvoir au ravitaillement des têtes d'étapes et d'assurer les transports sur les routes d'étapes.

La nature et les quantités des approvisionnements dont doivent être pourvus les gîtes principaux d'étapes sont déterminées par le directeur des étapes et des services. Il appartient au commandant du gîte principal d'étapes de maintenir ces approvisionnements à hauteur, en ayant recours dans la plus large mesure à l'exploitation des ressources locales.

Chaque gîte principal se ravitaille en s'adressant au gîte principal précédent et ainsi de suite jusqu'à la gare origine de la route d'étapes qui doit toujours avoir au moins un jour de vivres débarqués et prêts à être dirigés vers l'armée.

Pour le ravitaillement quotidien, l'expédition faite par l'origine d'étapes comprend journellement un ou plusieurs jours de vivres (généralement deux) (1) pendant les périodes de marche de l'armée. Un jour suffit quand l'armée est en stationnement.

Dans ses demandes de vivres au gîte principal précédent, chaque commandant de gîte principal d'étapes doit tenir compte non seulement des livraisons qu'il doit faire au gîte principal suivant, mais encore des livraisons à faire aux troupes et personnels dont l'alimentation doit être assurée par le gîte principal et par les commandements d'étapes compris dans l'arrondissement de ce gîte principal.

En ce qui concerne les évacuations, le personnel et le matériel livrés à la tête d'étapes sont transportés de proche en proche, en utilisant les voitures vides, dans leur mouvement en retour, jusqu'à la gare origine d'étapes. Le commandant de ce dernier gîte s'entend avec le commissaire militaire de gare pour régler les évacuations.

CHAPITRE IV.

PARTICULARITÉS RELATIVES A CERTAINS RAVITAILLEMENTS ET ÉVACUATIONS.

I. — *Ravitaillement en munitions et matériel de l'artillerie.*

Ravitaillement de l'artillerie des corps d'armée et de l'artillerie lourde d'armée.

Art. 163. Les demandes concernant le ravitaillement de l'artillerie des corps d'armée ou de l'artillerie lourde d'armée sont

---

(1) La durée des transbordements dans les gares, ou du chargement des voitures dans les magasins, le rendement des moyens normaux de fabrication, et la difficulté que présentent l'organisation et la mise en marche simultanée de convois trop nombreux limitent le plus souvent au chiffre de deux le nombre des jours de vivres qu'il est possible de faire partir chaque jour de l'origine d'étapes.

Quel que soit d'ailleurs le chiffre des approvisionnements expédiés journellement par les origines d'étapes, on ne peut assurer par les envois de l'arrière adressées par les commandants de corps d'armée ou commandants d'artillerie lourde d'armée au directeur des étapes et des services. Celui-ci leur donne suite dans les conditions prévues par l'article 149.

Le ravitaillement des parcs de corps d'armée a lieu soit par l'échelon sur route, soit directement par les en-cas mobiles, soit même simultanément par ces deux moyens.

Le ravitaillement des sections de munitions d'artillerie lourde s'effectue au moyen des en-cas mobiles ou au moyen des convois automobiles, auxiliaires ou éventuels.

Les mouvements de l'échelon sur route et des en-cas mobiles sont réglés par le directeur des étapes et des services d'après les instructions du commandant de l'armée.

Le directeur du grand parc est avisé par le directeur des étapes et des services, en même temps que les commandants de corps d'armée, des points où l'échelon sur route prendra contact avec les équipages de ces corps d'armée. Il transmet les ordres d'exécution au commandant de l'échelon sur route en y joignant ses instructions particulières.

En principe, on évite d'imposer des mouvements rétrogrades aux voitures des corps d'armée, et le ravitaillement en munitions se fait par les voitures de l'échelon sur route, de l'arrière vers l'avant.

Les détachements des parcs d'armée qui se présentent au ravitaillement passent temporairement, en ce qui concerne ce service, sous les ordres du directeur du grand parc.

En ce qui concerne les mouvements des en-cas mobiles, l'ordre du directeur des étapes et des services est transmis à la fois au directeur de l'artillerie des étapes et à la commission régulatrice. Cette dernière fixe l'itinéraire du train et le communique au directeur des étapes et des services et au commandant du détachement affecté à l'en-cas mobile, le ravitail-

---

le ravitaillement quotidien d'une armée en marche qu'à la condition d'accélérer la vitesse des convois par rapport à celle des troupes (voir art. 182 et 183).

La limite supérieure de cette accélération se trouvant rapidement atteinte, et le chiffre des voitures disponibles en vue de la création de convois éventuels étant assez limité, il y a dans tous les cas un intérêt majeur à réduire l'importance des charrois par l'emploi dans la plus large mesure des ressources locales pour l'alimentation de l'armée.

lement a lieu aux gares d'arrivée des en-cas mobiles; les parcs des corps d'armée y envoient leurs voitures.

Dans certains cas, des convois automobiles, des convois éventuels ou des convois auxiliaires peuvent être employés au ravitaillement en munitions.

Quel que soit le mode de ravitaillement employé (voie de terre ou voie de fer), les manutentions que nécessitent la livraison et le transbordement des munitions ou du matériel sont effectuées par des détachements prélevés sur ceux qui sont normalement affectés au service des deux premiers échelons.

Ravitaillement des échelons du grand parc d'artillerie.

Art. 164. En principe, le remplacement des munitions consommées dans les différents échelons du grand parc se fait par prélèvement sur les échelons placés immédiatement derrière eux.

Le ravitaillement de l'échelon sur route est effectué par les en-cas mobiles, dans les conditions ordinaires des ravitaillements éventuels.

Le recomplètement de l'échelon de gare régulatrice se fait à la diligence du représentant du service de l'artillerie à l'échelon de gare régulatrice qui s'adresse au commandant d'étapes de gare régulatrice, en vue de faire venir de la station-magasin les munitions nécessaires pour maintenir l'approvisionnement des en-cas mobiles au taux fixé (1).

En cas d'urgence et quand on prévoit l'insuffisance des en-cas mobiles envoyés de la gare régulatrice aux gares de ravitaillement, de nouveaux en-cas mobiles de munitions formés à la station-magasin peuvent être immédiatement dirigés vers les gares de ravitaillement sur l'ordre du directeur des étapes et des services dans les conditions prévues pour les ravitaillements éventuels.

Les approvisionnements de station-magasin et d'arsenal sont toujours maintenus au complet à la diligence des agents de l'artillerie chargés de ces échelons (art. 77).

Le ravitaillement en matériel dans l'intérieur du grand parc

---

(1) En ce qui concerne les munitions d'artillerie lourde le directeur du grand parc demande au directeur de l'arsenal leur envoi sur la station-magasin.

s'effectue d'après les mêmes principes que le ravitaillement en munitions.

II. — *Ravitaillement en matériel du génie et de la télégraphie militaire.*

Ravitaillement des parcs du génie de corps d'armée, des unités télégraphiques de 1re ligne et des sections techniques de télégraphie.

Art. '65. Les demandes concernant le ravitaillement des parcs du génie de corps d'armée en matériel du génie, le ravitaillement des unités télégraphiques de 1re ligne et des sections techniques de télégraphie en matériel de télégraphie militaire sont adressées respectivement au directeur des étapes et des services :

a) Par les commandants de corps d'armée pour le matériel du génie;

b) Suivant le cas, par le chef du service de télégraphie de 1re ligne ou par le chef du service télégraphique des étapes pour le matériel de télégraphie militaire.

Le directeur des étapes et des services donne suite à ces demandes dans les conditions prévues à l'article 149 sous les réserves ci-après :

1° Les unités télégraphiques de 1re ligne sont ravitaillées par le parc du génie d'armée.

Les points de contact entre les voitures des unités de 1re ligne et celles du parc sont fixés par le commandant de l'armée sur la proposition du chef du service télégraphique de 1re ligne, et notifiés au directeur des étapes et des services avec les instructions nécessaires.

2° Les sections techniques son ravitaillées soit avec le matériel provenant des « petits dépôts » (art. 46), soit par le prélèvement sur l'approvisionnement télégraphique de station-magasin, soit exceptionnellement et en cas d'urgence par le parc du génie d'armée suivant les ordres donnés par le directeur des étapes et des services.

Ravitaillement du parc du génie d'artillerie.

Art. 166. Le parc du génie d'armée est ravitaillé par les stations-magasins.

Les demandes de ravitaillement du parc du génie d'armée en matériel du génie ou en matériel télégraphique sont adressées par le directeur du génie des étapes au directeur des étapes et des services qui leur donne suite dans les conditions prévues à l'article 149.

Le recomplétement de la première réserve du parc se fait à la diligence de l'officier d'administration du génie comptable de la station-magasin, qui s'adresse directement à l'Ecole du génie (art. 82).

III. — *Ravitaillement en matériel du service de santé.*

Art. 167. Les formations sanitaires de l'armée se ravitaillent en matériel du service de santé sur les hôpitaux d'évacuation, en procédant comme il est prescrit pour les ravitaillements éventuels (voir art. 149).

Les hôpitaux d'évacuation se ravitaillent sur les stations-magasins en adressant leurs demandes de recomplètement au directeur des étapes et des services.

Enfin, les officiers d'administration gestionnaires du matériel de santé des stations-magasins s'adressent, pour recompléter leurs approvisionnements, au Ministre qui fait expédier le matériel demandé par les réserves générales du matériel du service de santé.

IV. — *Dispositions spéciales aux transports d'évacuation par voie ferrée des malades et blessés (1).*

Art. 168. Les transports d'évacuation ont lieu au moyen :

1° Des trains sanitaires permanents, pour les malades ou blessés couchés;

---

(1) Voir également décret sur les transports stratégiques, titre VI.

2° Des trains sanitaires improvisés, pour les malades ou blessés couchés;

3° Des voitures à voyageurs comprises dans les trains ordinaires ou constituant des trains complets pour les malades ou blessés assis.

Les trains sanitaires permanents sont composés de voitures spécialement construites pour le transport des malades et blessés les plus grièvement atteints. Ils sont répartis par le Ministre entre les différentes armées sur les propositions du directeur de l'arrière.

Les trains sanitaires improvisés destinés au transport des malades ou blessés qui doivent être transportés couchés se composent de wagons couverts à marchandises qui reçoivent, au moment du besoin, par les soins des hôpitaux d'évacuation, un aménagement temporaire spécial.

Le transport par les trains ordinaires est surtout employé pour évacuer les militaires légèrement atteints sur les hôpitaux et dépôts de convalescents et éclopés établis le long des voies ferrées.

L'effectif des hommes transportés par un train d'évacuation est détaillé sur une « feuille d'évacuation » qui est remise à l'un des comptables (dans les trains permanents ou improvisés), ou à l'un des infirmiers (dans les autres trains).

Au moment du départ d'un train d'évacuation, le médecin chef de l'évacuation (ou, à son défaut, le médecin chef de l'hôpital d'évacuation) avise la commission régulatrice du nombre d'hommes transportés par ce train et du nombre de repas à préparer dans chaque infirmerie (1). La commission régulatrice transmet ces renseignements, par voie télégraphique, au commissaire militaire de la première gare siège d'infirmerie. Elle prévient par la même voie le commissaire militaire de la gare de répartition des malades et blessés de l'effectif de l'évacuation.

V. — *Évacuations de prisonniers (condamnés et prévenus).*

Art. 169. Les prisonniers (condamnés ou prévenus provenant des troupes d'opérations et dirigés sur l'arrière sont remis

---

(1) Instruction ministérielle sur le fonctionnement des infirmeries de gare.

au service des étapes, aux gares de ravitaillement si les troupes d'opérations sont desservies directement par les voies ferrées, ou aux têtes d'étapes s'il a été organisé des routes d'étapes.

A cet effet, le commandant d'étapes de gare régulatrice envoie à chaque gare de ravitaillement des gendarmes chargés de recevoir les prisonniers amenés à ces gares par les corps d'armée. Ces prisonniers sont dirigés ensuite de la gare régulatrice vers l'intérieur (1) par les voies ferrées.

Lorsqu'il a été organisé des routes d'étapes, le commandant d'étapes de tête d'étapes envoie, aux points de contact fixés par le commandant de l'armée pour les ravitaillements quotidiens, des gendarmes chargés de recevoir les prisonniers livrés par les troupes d'opérations et de les remettre à la première brigade de gendarmerie installée sur la route d'étapes. Ces prisonniers sont ensuite conduits de brigade en brigade jusqu'au commandement d'étapes d'origine d'étapes qui les dirige sur l'intérieur.

TITRE VIII.

Utilisation des voies navigables.

Organisation du service.

Art. 170. Le service des transports par eau sur le réseau navigable des armées est centralisé, sous la haute direction du directeur de l'arrière, par une commission permanente dite *commission de navigation de campagne*.

Lorsqu'une partie du réseau navigable est mise provisoirement à la disposition d'une seule armée, il est constitué pour la direction du service un organe temporaire, dit *sous-commission de navigation de campagne*, qui fonctionne sous l'autorité du directeur des étapes et des services de cette armée.

Les transports sont exécutés soit par la batellerie civile sous la direction des ingénieurs des services de la navigation, soit par les compagnies de mariniers, troupes faisant partie du génie de l'armée territoriale.

---

(1) Voir instruction sur le service de la gendarmerie en campagne.

Le soin de faire face aux besoins du personnel d'exploitation et d'assurer la régularité de la circulation sur la voie navigable appartient à des commissions, dites *commissions de subdivision*, dont l'autorité s'exerce dans une certaine étendue de voie navigable. Les commandants d'étapes reçoivent communication, en ce qui les intéresse, de la liste des commissions de subdivision avec indication de leur rayon d'action.

Enfin, dans les ports où des opérations importantes sont prévues, il est constitué, pour la durée de ces opérations, des commissions temporaires, dites *commissions de port*, qui assurent l'exécution des mesures concertées entre les commissions de subdivision et les commandants territoriaux ou d'étapes et arrêtent les dispositions de détail.

Demandes de transport par eau.

Art. 171. Certaines voies secondaires, dont l'utilisation pour les besoins généraux de l'armée n'est pas à prévoir, peuvent être laissées, par le directeur de l'arrière, à la disposition immédiate des directeurs des étapes et des services sur les zones d'étapes dans lesquelles elles sont situées (voir art. 190). Ceux-ci en tirent parti pour des transports locaux de peu d'importance, demandés directement aux ingénieurs des services de navigation, et exécutés avec les seules ressources trouvées sur place. Sous les mêmes réserves, les commandants d'étapes peuvent, dans ce cas, recevoir de leur directeur des étapes et des services l'autorisation d'adresser des demandes de transport directes aux ingénieurs des services de navigation ou à leurs représentants locaux.

En dehors de cette circonstance exceptionnelle, toutes les demandes de transport par eau sont adressées aux directeurs des étapes et des services, qui les centralisent et les transmettent à la direction de l'arrière. S'il s'agit de transports à exécuter sur une partie du réseau mise à leur disposition, ils donnent les instructions nécessaires à la sous-commission de navigation de campagne qui fonctionne auprès d'eux.

Utilisation des ressources de la batellerie.

Art. 172. Pour permettre aux ingénieurs des services de

navigation d'organiser des convois à l'aide de la batellerie civile et de fournir le nécessaire aux mariniers militaires, les ressources de toute nature se trouvant sur la voie navigable et ses dépendances leur sont, en principe, réservées.

Si, exceptionnellement, les commandants d'étapes avaient à faire appel à ces ressources pour les besoins urgents, ils s'adresseraient aux ingénieurs de la navigation qui, en territoire national, ont seuls qualité pour exercer les réquisitions sur la voie navigable. En territoire ennemi, le même droit est dévolu aux officiers de mariniers sur les voies navigables où un service fixe de navigation n'a pas encore été organisé.

Relations des services de la navigation avec les autorités du service
des étapes (1).

Art. 173. Les commissions de subdivision s'adressent aux commandants territoriaux ou d'étapes pour obtenir les ressources de toute nature qui font défaut sur la voie navigable. Leur entente constante, est nécessaire pour la bonne exécution des transports par eau; elle concerne notamment :

La prestation de corvées civiles ou militaires pour les chargements ou déchargements de denrées ou de matériel, pour les embarquements ou débarquements des malades et blessés et pour les travaux d'aménagement des ports ou des dépendances de la voie navigable;

Les mesures à prendre pour éviter l'encombrement aux abords des ports;

Le logement, l'alimentation, le service médical des détachements de mariniers militaires, et, s'il est nécessaire, du personnel civil employé par les services de navigation;

L'envoi de détachements de travailleurs et de police sur les points où la présence de ces détachements est nécessaire;

La fourniture des secrétaires et plantons aux commissions de subdivision et de port;

La réquisition des chevaux de halage, à l'exception de ceux vivant à bord des bateaux, qui sont réquis directement par les ingénieurs des services de navigation;

---

(1). Voir également article 65.

La sécurité et la défense des voies navigables, ainsi que des convois de bateaux.

Les détachements de police et de corvée mis par le service des étapes à la disposition d'une commission militaire de subdivision ou de port passent, pendant la durée de leur mission, sous l'autorité de ce dernier.

Dans certains cas, le service du génie des étapes peut être appelé à exécuter certains travaux sur les voies navigables (art. 86).

Lorsqu'une section de voie navigable est utilisée pour les transports réguliers de l'armée, les commandants territoriaux ou d'étapes, ayant les ports extrêmes dans leur circonscription, ont à assurer les transbordements. Ceux qui ont dans leur circonscription les ports intermédiaires désignés pour le couchage et l'alimentation des convois de bateaux s'entendent avec les commissions de subdivision pour y réunir les ressources nécessaires.

Sur les points où il y a contact entre la voie ferrée et la voie navigable, les mêmes autorités servent d'intermédiaire entre les deux services.

Il appartient aux commandants d'étapes de faire procéder au déchargement immédiat du bétail, les denrées ou du matériel arrivés dans les ports, ainsi qu'à la reconnaissance, à la réception et à l'emmagasinement par les divers services. Ils y procèdent eux-mêmes pour les services non représentés.

A défaut de commandement d'étapes installé dans la localité, le service des étapes peut, dans certains cas, y être confié au commissaire militaire de port; ce dernier relève alors, au point de vue de ce service, de l'autorité d'étapes de la circonscription dans laquelle se trouve le port.

Protection des voies navigables.

Art. 174. Les dispositions relatives à la garde des voies navigables et à la destruction des ouvrages d'art existant sur ces voies sont identiques aux dispositions analogues concernant les voies ferrées.

En territoire national, la protection des voies navigables est assurée d'après les dispositions prévues dès le temps de paix. Les directeurs des étapes et des services et les commandants d'étapes ne les modifient que d'après les instructions de la direction de l'arrière, ou, en cas d'urgence, sur la demande des commissions de subdivision.

Sur les sections de voies exposées aux tentatives de l'ennemi, les commissions de subdivision peuvent requérir une escorte. La composition en est fixée d'après les circonstances, d'accord entre elles et les commandants d'étapes. En cas de danger, le chef de l'escorte, s'il est de grade supérieur au chef de convoi, peut prendre la direction du convoi; les agents techniques de la navigation doivent alors déférer à ses ordres.

TITRE IX.

Convois.

—

Dispositions générales.

Art. 175. D'une manière générale, les transports à assurer dans la zone d'étapes comprennent :

a) Les transports ayant pour objet les ravitaillements quotidiens de l'armée, transports qui, généralement, s'effectuent sur toute la longueur de la route d'étapes.

Ces transports, en raison de leur importance, sont organisés par le directeur des étapes et des services et, en cas d'urgence, par les commandants d'étapes.

Le directeur des étapes et des services règle le service de ces convois de manière à faire arriver aux têtes d'étapes les approvisionnements dont elles doivent être pourvues;

b) Les transports exécutés pour les besoins des commandements d'étapes ou de certains services (artillerie, intendance, santé, etc...) et pour la constitution éventuelle de magasins avec des ressources tirées du pays ou de l'arrière.

Ces transports, généralement peu importants, sont organisés par les commandants d'étapes, qui se conforment aux instructions générales du directeur des étapes et des services.

Moyens de transport.

Art. 176. Les transports sont exécutés :

Soit par les convois auxiliaires;

Soit par les convois éventuels;

Soit par des convois automobiles remplaçant en totalité ou en partie les convois auxiliaires et les convois éventuels;

Soit par des marchés;

Soit par des convois par eau.

Le directeur des étapes et des services règle d'une manière générale l'emploi des convois auxiliaires, des convois éventuels, et, s'il y a lieu, des convois automobiles.

Il détermine le service incombant aux convois automobiles et aux convois auxiliaires.

En ce qui concerne les convois éventuels, il fixe pour chaque gîte principal d'étapes, en raison du service qu'il doit assurer, le nombre et l'importance des convois à affecter à ces gîtes.

Il appartient au directeur des étapes et des services de prévoir toutes les mesures à prendre en vue de faire face aux transports que nécessite le développement des routes d'étapes. Quand il prévoit que les ressources dont il dispose (convois automobiles, convois auxiliaires, convois éventuels) ne pourront être suffisantes, il s'adresse au directeur de l'arrière.

Toutes les ressources des convois (voitures, attelages) peuvent être attribuées par le directeur des étapes et des services à un service quelconque, quelle que soit leur affectation normale.

Convois auxiliaires.

Art. 177. Les convois auxiliaires sont constitués avec les ressources du territoire national; leur organisation et leur mobilisation sont prévues dès le temps de paix.

Les convois auxiliaires sont, en totalité ou en partie, mobilisés et transportés dans la zone d'étapes, dans les conditions fixées par le Ministre. Chaque convoi comprend en principe quatre sections dont chacune peut porter un jour de vivres pour un corps d'armée (indépendamment de ses vivres régimentaires). Chaque section est attelée par une compagnie du train des équipages militaires.

Les convois auxiliaires sont, en principe, rattachés d'une façon permanente à la tête d'étapes et chargés de la livraison aux équipages de l'armée des approvisionnements et du matériel qu'ils transportent.

Lorsqu'ils sont affectés au service de l'intendance, leurs approvisionnements sont pris en charge par le comptable des subsistances de chaque tête d'étapes qui affecte spécialement une partie de son personnel à chaque convoi en particulier.

Les mouvements et les stationnements des convois envoyés aux points de contact indiqués par le commandant de l'armée pour le ravitaillement sont réglés par le commandant d'étapes de la tête d'étapes après entente avec le sous-intendant militaire de ce commandement.

Si le convoi auxiliaire est affecté momentanément à un autre service, il est accompagné d'un personnel du service intéressé.

Organisation des convois éventuels.

Art. 178. Les convois éventuels sont formés, au moment du besoin, avec les ressources tirées de la zone d'étapes. Leur constitution et leur organisation sont réglées par le directeur des étapes et des services qui prononce le licenciement de ces convois quand ils ne sont plus utiles.

Toutes les fois qu'il y a lieu d'organiser un convoi éventuel, on se rapproche autant que possible des conditions suivantes :

Le commandant d'étapes requiert les équipages nécessaires (attelages, voitures et conducteurs) dans le territoire de son commandement, ou dans la zone que le directeur des étapes et des services lui a assignée et les encadre à l'aide du personnel du train des équipages militaires mis à cet effet à sa disposition (1). Il est généralement désigné un brigadier pour 25 voitures, un sous-officier pour 50, un officier pour 200. L'officier,

---

(1) Personnel fourni par la compagnie du train affectée au « Personnel des commandements d'étapes ».

le sous-officier ou le brigadier le plus ancien est, en principe, désigné comme chef de convoi.

Il est utile de comprendre, dans la composition des convois d'une certaine importance, quelques voitures attelées haut-le-pied.

Le chef du convoi est responsable du matériel et des approvisionnements qu'il reçoit du service expéditeur et qu'il a charge de transporter. Il est fait mention de ce matériel sur son carnet de transport (modèle n° 7).

Il doit prendre les mesures les plus sévères pour maintenir intact le chargement du convoi (1).

Les dispositions qui précèdent s'appliquent aux convois organisés complètement par un commandant d'étapes. Lorsque des équipages requis doivent être mis à la disposition d'un élément ou d'un service possédant un cadre permanent (tel qu'un parc d'armée, hôpital de campagne, etc...), ce cadre permanent remplit le rôle dévolu au cadre d'embrigadement.

Dans certains cas (notamment dans les transports d'évacuation), les convois éventuels comprennent un personnel relativement nombreux du service intéressé.

Mouvements des convois éventuels sur les routes d'étapes.

Art. 179. Sur les routes d'étapes les mouvements de convois éventuels se font ordinairement de la gare origine d'étapes au premier gîte principal d'étapes, de ce gîte au second gîte principal, et ainsi de suite jusqu'à la tête d'étapes (ou exceptionnellement jusqu'à la destination finale). Dans chaque gîte principal le matériel est reçu en transit et réexpédié par le comptable du service compétent; exceptionnellement, s'il doit être déchargé, le comptable le prend en charge.

Entre l'origine d'étapes et le premier gîte principal ou entre deux gîtes principaux, les transports peuvent s'effectuer :

Par convois proprement dits;

Par relais alternatifs de voitures ou d'attelages.

On emploie encore, dans certains cas, les transports par relais successifs.

---

(1) Les conducteurs requis sont justiciables des conseils de guerre (voir art. 25).

Convoyeur militaire.

Art. 180. Quel que soit le mode de transport employé, chaque convoi est toujours accompagné, d'une gestion à une autre gestion, par un même convoyeur militaire désigné par le comptable du point de départ qui lui remet les factures d'expédition et une consigne modèle n° 10.

Il peut être désigné un convoyeur pour chaque service si le convoi transporte du matériel de plusieurs services.

Si, en cours de route, un convoyeur militaire devient indisponible, le chef de convoi, sous sa responsabilité, désigne d'office un militaire pour le remplacer.

Transport par convoi proprement dit.

Art. 181. Dans les transports par convoi proprement dit, les équipages font la totalité du trajet entre le point de départ et le point d'arrivée à raison d'une étape par jour; puis ils reviennent au point de départ, soit à vide, soit avec un chargement en retour. Lorsqu'ils reviennent à vide, ils peuvent doubler un certain nombre d'étapes.

Le mode de transport par convoi proprement dit a l'inconvénient de ralentir le mouvement. Par contre, l'organisation des transports est simple et n'exige dans les gîtes intermédiaires aucune autre disposition que la réunion des vivres et des fourrages. Elle donne lieu à moins de pertes, manquants où avaries, parce que le chef du convoi et les conducteurs ne changeant pas, leur responsabilité reste constamment engagée. Ce mode est à préférer pour des transports intermittents qui ne sont pas urgents.

Transports par relais alternatifs de voitures et d'attelages.

Art. 182. Dans les transports par relais alternatifs de voitures, on décharge le convoi à chaque gîte intermédiaire et l'on recharge sur un autre convoi. Si le mouvement doit être journalier, il doit y avoir dans chaque gîte deux détachements semblables de voitures qui, dans la même direction, font un service alternatif et reviennent au point d'origine le lendemain de leur départ. Le transbordement est fait par une corvée avec le concours des conducteurs. On fait ainsi parcourir aux approvisionnements deux étapes par jour.

Dans les transports par relais alternatifs d'attelages, les approvisionnements ou le matériel restent chargés sur les mêmes voitures, comme pour les transports par convoi proprement dit, mais les attelages sont relayés en chaque gîte intermédiaire. En chaque gîte, il doit y avoir deux détachements de chevaux et conducteurs (sans voitures) devant faire le service alternatif. Ce mode n'est exécutable que dans les pays où les voitures sont attelées et conduites de la même manière. N'exigeant aucun transbordement, il est moins pénible et plus rapide que le relais de voitures; en bonne saison et sur de bonnes routes, on peut franchir jusqu'à trois étapes en vingt-quatre heures.

Les convoyeurs militaires des services intéressés se mettent en relations avec les chefs de convois successifs.

Dans un transport par relais d'attelages, chaque chef de convoi fait au suivant la remise des voitures, que le commandant d'étapes du lieu de destination renvoie par le retour des relais au point de départ.

Le mode de transport par relais alternatifs (de voitures ou d'attelages) expose à des pertes, manquants ou avaries plus considérables. Mais il accélère le mouvement et il ne répugne pas à l'habitant qui fait toujours le va-et-vient dans la même direction sans s'éloigner beaucoup de son domicile et qui est intéressé à la nourriture de ses propres chevaux.

L'organisation des relais alternatifs n'est possible qu'avec un service d'étapes bien constitué en chaque gîte. Ce mode n'est avantageux que pour les expéditions présentant un caractère d'urgence ou ayant une régularité relative. Des deux modes de relais on devra toujours préférer le relais d'attelages, qui évite les transbordements.

Transports par relais successifs.

Art. 183. Dans ce système, au lieu d'établir un service alternatif de va-et-vient entre deux mêmes localités pour chaque relais, on fait continuer la marche des relais dans la même direction, en faisant journellement avancer chaque relais d'une étape dans le sens du mouvement général (1).

Pour un même nombre d'attelages à chaque relais, ce mode donne un rendement double du précédent, parce qu'il n'y a pas de temps perdu pour le retour à vide, ou bien, pour un rendement égal, il n'exige qu'un seul détachement au lieu de deux.

Seulement, pour des transports journaliers ayant le même point de départ, il faut organiser chaque jour en ce point un nouveau convoi de voitures franchissant la première distance de relais, ce qui limite, dans la pratique, à quelques jours les possibilités d'expéditions journalières dans ces conditions.

Administration des convois éventuels. — Comptable. — Délégués.

Art. 184. L'administration des équipages de réquisition, dans toute la zone d'étapes et à quelque service que ces équipages soient employés, est centralisée auprès du sous-intendant militaire chef du service de l'intendance des étapes, par un « comptable des transports éventuels des étapes » que désigne le directeur des étapes et des services, sur la proposition de l'intendant de l'armée.

---

(1) Dans ce mode de transport, en effet, le retour à vide des voitures est reporté entièrement à la fin du mouvement.

Ainsi, supposons une gare G où sont amenés des approvisionnements destinés à un corps d'armée dont les équipages seront les 1er, 2e et 3e jour de marche en a, b, c.

Un convoi (no 1) partant de G le 1er jour au matin ravitaillera le 1er jour au soir en a.

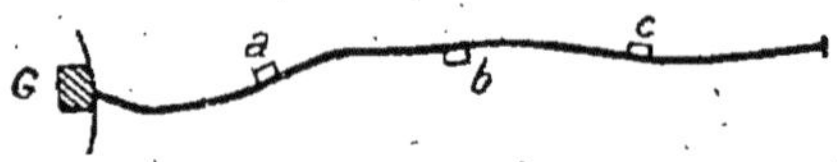

Le 2e jour au matin, un second convoi partira de la gare G et sera relayé en a par les attelages du convoi n° 1 arrivé la veille; il poursuivra sa route et ravitaillera en b le corps d'armée, le 2e jour au soir.

Le 3e jour, au matin, un convoi n° 3 partira de G; il sera le même jour relayé en a par les attelages du convoi 2, et en b par les attelages du convoi 1 et ravitaillera le 3 au soir (ou dans la nuit du 3 au 4) le convoi du corps d'armée en c.

On conçoit qu'un tel mode de transport ne puisse être utilisé dans un long parcours; mais il peut être employé, par exemple, pour le ravitaillement des convois administratifs ou auxiliaires par une boulangerie de campagne temporairement immobilisée.

Le comptable des transports est représenté par un « délégué » à toute origine d'étapes et à tout gîte principal d'étapes. Ce délégué est désigné par le directeur des étapes et des services sur la proposition de l'intendant de l'armée parmi les personnels employés au lieu dont il s'agit; il cumule ses fonctions avec celles dont il est chargé à d'autres titres.

Le comptable reçoit du trésor des fonds d'avance et il en justifie; il fait les avances nécessaires à ses divers délégués; il leur adresse ses instructions, centralise leurs opérations, et rend un compte trimestriel dans une revue générale de liquidation spéciale.

Le délégué est, pour toutes les relations administratives, l'intermédiaire entre le comptable des transports et les divers chefs de convoi. Il fonctionne sous l'autorité et la surveillance du sous-intendant militaire du lieu.

Il soumet au sous-intendant militaire les instructions à adresser aux chefs de convoi en vue de la bonne tenue de la comptabilité.

Les délégués font eux-mêmes les avances nécessaires à chaque chef de convoi pour le paiement de la solde des conducteurs civils.

Ils reçoivent des chefs de convoi les feuilles de prêt justifiant les paiements effectués aux conducteurs civils et les adressent au comptable des transports avec lequel ils liquident tous les mois leur compte courant.

Le chef de convoi établit ces feuilles de prêt et les bons de perception en nature au titre des transports éventuels des étapes de l'armée; ces documents relatent toujours le nom du chef de convoi et la désignation du commandement d'étapes.

Chaque chef de convoi tient un contrôle mensuel (modèle n° 8) des équipages administrés par ses soins. Les mutations qui y figurent font ressortir les droits à la solde, aux vivres et aux fourrages, ainsi que les journées dues pour le loyer; en territoire national, il relate également, pour mémoire, l'estimation des équipages au moment de leur réception.

Le contrôle mensuel fait l'office de feuilles de journées; il est adressé au délégué qui le fait parvenir au comptable des transports.

Solde, vivres et fourrages.

Art. 185. En toutes circonstances, même en pays ennemi, il est alloué aux conducteurs civils une solde journalière que fixe le commandant de l'armée. Cette solde, conjointement avec la ration de vivres, permet aux conducteurs de subsister; elle pourvoit en outre à la ferrure et au petit entretien de l'équipage.

Néanmoins, il n'est pas alloué de solde pour des réquisitions journalières, dites de cantonnement, ou n'exigeant pas un service de plus de vingt-quatre heures.

La solde est payée à terme échu et tous les cinq jours, ou en fin de service, par le chef de convoi, au moyen des fonds d'avances qui lui sont remis, ou bien avec ceux dont il dispose au titre d'autres services, mais dont il serait remboursé.

Les vivres et les fourrages sont dus et assurés par l'administration dans les mêmes circonstances que la solde. Les bons sont établis par chaque chef de convoi.

Loyer des équipages.

Art. 186. Le loyer d'un équipage n'est jamais payé au conducteur qui peut le dissiper au détriment du propriétaire. En fin de service, le chef du convoi délivre un certificat de service individuel, extrait d'un carnet à souche (modèle n° 9).

Au moyen de ce certificat, les communes pourront se faire payer ultérieurement dans la forme prescrite par la loi du 3 juillet 1877 si l'on est en territoire national, ou dans les conditions prescrites par l'intendant de l'armée si l'on est en territoire ennemi et si la réquisition doit être payée.

Convois automobiles.

Art. 187. Les armées peuvent être dotées de convois de véhicules automobiles de poids lourds mobilisés sur certains points du territoire, puis réunis dans la zone des armées dans les conditions fixées par le Ministre.

Si les circonstances l'exigent, le directeur de l'arrière peut modifier la répartition initiale des convois automobiles de certaines armées pour pourvoir aux besoins du groupe d'armées.

En principe, les convois automobiles d'une armée comprennent :

1° Les véhicules nécessaires au transport d'un jour de vivres et d'un lot de munitions pour l'ensemble de l'armée ou pour un ou plusieurs de ses corps d'armée. Ces véhicules sont groupés en convois fractionnés eux-mêmes en sections;

2° Des omnibus automobiles pour le transport du personnel et pour l'évacuation des malades et blessés;

3° Un *parc de réserve* (comprenant des voitures de remplacement, des rechanges, des approvisionnements, des ateliers de réparations, etc., etc...). Ce parc peut être fractionné en sections;

4° Le personnel nécessaire à la conduite ou à la réparation des voitures (ouvriers mécaniciens, chauffeurs, cadres).

Habituellement les convois automobiles sont rattachés aux origines d'étapes.

C'est ordinairement en ces points que sont organisés les parcs de réserve (1). Toutefois des approvisionnements et rechanges, des ateliers de réparations, avec le personnel nécessaire, sont échelonnés dans de *petits dépôts*, le long des routes d'étapes.

Fonctionnement des convois automobiles.

Art. 188. Les convois automobiles sont encadrés par des officiers prélevés sur le personnel des commandements d'étapes.

Des comptables ou convoyeurs, représentant les services intéressés dans le transport, accompagnent chaque convoi.

Le chef du convoi est responsable du matériel et des approvisionnements qu'il reçoit et qu'il a charge de transporter.

Une escorte d'infanterie, transportée dans des omnibus automobiles, peut être mise, s'il y a lieu, à sa disposition.

Jusqu'à trois ou quatre étapes environ de l'origine d'étapes,

---

(1) Lorsqu'une armée dispose de plusieurs origines d'étapes, chacune d'elles peut être dotée d'une section de parc de réserve.

les convois automobiles peuvent ravitailler chaque jour, sans rompre charge, les équipages de l'armée.

Exceptionnellement, il est possible de leur faire doubler cette étape, en doublant, s'il y a lieu, les personnels de conduite.

Lorsqu'en raison de la grande distance à parcourir il devient nécessaire de fractionner le trajet en plusieurs étapes, on a généralement intérêt à exécuter les transports par « convoi proprement dit » (art. 181).

Transports par marchés.

Art. 189. Dans certaines circonstances, il peut y avoir intérêt à assurer des transports par des marchés ou conventions passés avec des entrepreneurs. Ces circonstances se présentent fréquemment pour des transports locaux (camionnage, etc....), et aussi quelquefois pour des transports sur les routes d'étapes, lorsque celles-ci sont assez sûres.

Ces marchés ou conventions sont passés, avec l'autorisation du directeur des étapes et des services, par les chefs de service compétents.

Le commandant d'étapes est informé des marchés ou conventions passés dans sa circonscription, et il ne dispose, par voie de réquisition, des moyens de transport ainsi affectés aux services d'entreprise, que si ceux-ci ne sont pas employés ou si l'ordre de priorité des transports l'exige.

Les dispositions qui précèdent ne sont pas applicables aux marchés généraux qui, dans certains cas, peuvent être passés dans des conditions analogues aux transports généraux de l'intérieur et qui assurent les transports du matériel de tous les services. Ces marchés généraux sont passés par le service de l'intendance.

Convois par eau.

Art. 190. En principe, l'utilisation de toutes les voies navigables de la zone des armées et la réquisition du personnel et du matériel propres à leur exploitation relèvent exclusivement de la commission de navigation de campagne placée auprès du directeur de l'arrière (art. 170). A cet effet lorsqu'il y aura lieu d'organiser des convois, le directeur des étapes et des services reçoit les instructions nécessaires du directeur de l'arrière.

Toutefois, sur des voies navigables secondaires non affectées au service général des armées le directeur des étapes et des services peut être autorisé à utiliser temporairement le personnel et le matériel trouvés sur place (art. 171).

Dans ce cas, le directeur des étapes et des services (ou le commandant d'étapes désigné) fait requérir, par les services locaux de navigation, les bateaux et les gréements nécessaires; il les forme par convois de six bateaux au plus. Ils sont pourvus par réquisition du personnel et du matériel nécessaires pour leur aménagement sommaire en vue du transport auquel ils sont destinés (matériel, vivres, blessés ou malades).

Les dispositions relatives à l'organisation d'un convoi par eau constitué dans les conditions prévues ci-dessus (chef de convoi, convoyeurs, solde, loyer de l'équipage, etc...) et s'il y a lieu, les dispositions relatives à l'escorte du convoi sont analogues à celles prévues pour les convois sur routes.

TITRE X.

Commandements territoriaux particuliers.

Création de commandements territoriaux particuliers.

Art. 191. Lorsque les circonstances ou l'extension du territoire ennemi occupé l'exigent, le commandant en chef crée des commandements territoriaux particuliers. Il définit les attributions des commandants de ces territoires, délimite leurs zones d'action, fixe les sièges des commandements et détermine l'effectif et la composition provisoire des personnels affectés à ces commandements.

Le Ministre désigne les titulaires des commandements territoriaux particuliers.

Subordination et attributions des commandements territoriaux particuliers.

Art. 192. La subordination des commandants territoriaux particuliers est réglée par l'article 8 du présent règlement.

Le commandant d'un territoire particulier est chargé d'en assurer la sécurité et d'en diriger l'administration civile. Il se conforme aux dispositions du présent règlement.

Ses pouvoirs sont ceux d'un commandant de corps d'armée.

Ses relations avec le service des chemins de fer sont définies par le directeur de l'arrière.

Organes de direction et d'exécution.

Art. 193. Pour l'accomplissement de sa mission l'officier général désigné par le Ministre comme commandant d'un territoire particulier dispose des éléments énumérés aux paragraphes b) c) e) de l'article 28 du présent règlement. Le commandant en chef fixe la composition définitive du personnel placé sous ses ordres; il demande au Ministre de diriger, s'il y a lieu, sur ce commandement, les personnels et troupes complémentaires, ainsi que le personnel civil qui doit être mis à la disposition du commandant territorial particulier.

———

Sont abrogés :

1° Le décret du 11 février 1900 portant organisation générale des services de l'arrière aux armées;

2° L'instruction du 25 avril 1900 sur le service des étapes;

3° L'instruction complémentaire du 15 mai 1900 sur le service des étapes;

4° Toutes les dispositions contraires des décrets, règlements et instructions antérieurs.

Fait à Paris, le 25 mars 1908.

A. FALLIÈRES.

Par le Président de la République :
Le Ministre de la guerre,

G. PICQUART.

ANNEXES ET MODÈLES

PRINCIPES GÉNÉRAUX.

SUR LES SERVICES DE L'ARRIÈRE.

Au début de la guerre le Ministre fixe : 1° la limite entre le territoire placé sous les ordres du commandant en chef, qui prend le nom de « zone des armées », et le territoire restant sous son autorité, qui prend le nom de « zone de l'intérieur »; 2° la limite entre les chemins de fer mis à la disposition du commandant en chef, qui prennent le nom de « réseau des armées », et les chemins de fer restant sous ses ordres directs, qui prennent le nom de « réseau de l'intérieur ».

Les limites de ces territoires et réseaux peuvent être modifiées au cours des opérations, de concert entre le Ministre et le commandant en chef.

Les services de l'arrière, dans les armées en campagne, ont pour objet d'assurer la continuité des relations et des échanges entre ces armées et le territoire national.

Ces relations et échanges ont lieu par « lignes de communication » qui s'étendent à la fois sur la zone des armées et sur la zone de l'intérieur et qui peuvent être constituées par des voies ferrées et des routes d'étapes et emprunter éventuellement des voies navigables. Les lignes de communication sont jalonnées par des organes d'exécution (stations-magasins, gares régulatrices, gares de ravitaillement, et, le cas échéant, gîtes d'étapes et têtes d'étapes).

Dans la zone des armées, l'action des services de l'arrière s'étend sur tout le territoire qui est situé en arrière des troupes d'opérations et qui prend le nom de « zone de l'arrière ».

---

(1) Dans cette annexe, on a reproduit l'article 15 du règlement sur le service des armées en campagne, en remplaçant les dénominations :

De	Par
Têtes d'étapes de guerre.	Gare de ravitaillement.
Têtes d'étapes de route.	Tête d'étapes.
Direction générale ou Directeur général. } des chemins de fer et des étapes.	Direction ou Directeur } de l'arrière.
Gare tête d'étapes de guerre.	Gare de ravitaillement.
Directeur des chemins de fer aux armées.	Directeur des chemins de fer.

Les services de l'arrière sont reliés et coordonnés, pour l'ensemble des armées obéissant au même commandement, par une direction de l'arrière.

Le directeur de l'arrière est placé sous l'autorité immédiate du commandant en chef. Il est secondé par un état-major qui comprend un personnel technique et un personnel militaire.

Les services de l'arrière forment deux grandes divisions : le service des chemins de fer et le service des étapes.

Le service des chemins de fer aux armées comprend tout ce qui est relatif à l'organisation, l'entretien, l'exploitation, la construction et la destruction des voies ferrées.

L'officier général ou supérieur placé à sa tête a le titre de directeur des chemins de fer. Il exerce ses attributions sur tout le réseau des armées. Il est assisté d'un ingénieur des chemins de fer, d'un personnel militaire et d'un personnel technique.

Il assure le service sous l'autorité du directeur de l'arrière :

1° Par l'intermédiaire des commissions de réseau au moyen du personnel des compagnies nationales sur toutes les lignes qui peuvent être confiées à ce personnel;

2° Par l'intermédiaire des commissions de chemins de fer de campagne au moyen des troupes de chemins de fer (sapeurs de chemins de fer et sections de chemins de fer de campagne) sur les autres lignes.

Les stations qui séparent les sections exploitées par le personnel des compagnies des sections exploitées par les troupes de chemins de fer sont appelées « stations de transition ».

Les gares où a lieu le contact entre le service des chemins de fer, d'une part, et les équipages des armées, d'autre part, sont dites « gares de ravitaillement ».

Sur une ligne de communication, les relations entre l'armée ou les armées desservies par cette ligne et le service des chemins de fer sont établies, pour tout ce qui concerne les transports par voies ferrées, par la commission régulatrice qui siège à la gare régulatrice.

Le service des étapes embrasse l'ensemble des services de l'arrière qui ne rentrent pas dans le service des chemins de fer.

Il a pour objet principal d'assurer les ravitaillements et les évacuations des armées et de maintenir l'ordre et la sécurité dans la zone de l'arrière.

Le service des étapes est organisé par armée, sauf en ce qui concerne les transports par eau. Il est dirigé, dans chaque armée, par le « directeur des étapes et des services de l'armée. »

Le directeur des étapes et des services est secondé par un état-major et par des directeurs et chefs supérieurs de service des étapes; il a à sa disposition des troupes d'étapes et des personnels d'exécution et, éventuellement, un personnel civil d'administration et de police. En ce qui concerne spécialement le service des étapes, il exerce ses attributions dans la portion de la zone de l'arrière placée sous l'autorité du général commandant l'armée et qui est dite « zone d'étapes de cette armée ».

Par délégation du général commandant l'armée, le directeur des étapes et des services exerce, en territoire national, tout ou partie des attributions du commandement territorial, dans la mesure fixée par le commandant en chef, d'après les instructions du Ministre. En territoire ennemi, il est chargé de la direction provisoire de l'administration civile des pays occupés.

En deçà de la zone d'étapes, il a qualité pour donner aux autorités territoriales, par délégation du directeur de l'arrière, soit en territoire national, soit en territoire ennemi, les instructions utiles pour assurer, sur la ligne de communication, les mouvements de personnel et de matériel à destination ou en provenance de l'armée.

Dans certains cas, le directeur des étapes et des services peut disposer d'une partie des voies navigables.

Lorsqu'une armée opère isolément, la direction des services de l'arrière y est exercée par le directeur de l'arrière de cette armée.

Le service des transports par eau sur le réseau navigable des armées est centralisé, sous la haute direction du directeur de l'arrière, par une commission permanente dite « commission de navigation de campagne ».

Lorsqu'une partie du réseau navigable est mise provisoirement à la disposition d'une seule armée, le service y est dirigé par une sous-commission de navigation de campagne.

RÉPARTITION EN BUREAUX

DES OFFICIERS DE L'ÉTAT-MAJOR DE LA DIRECTION DES ÉTAPES ET DES SERVICES.

Dans les états-majors des directions des étapes et des services les officiers sont répartis en deux bureaux :

1er bureau : Personnel, matériel, renseignements et affaires politiques, organisation du territoire.

2e bureau : Opérations et mouvements.

SERVICE PARTICULIER DE CHAQUE BUREAU.

1er bureau.

Le 1er bureau s'occupe des questions suivantes :
Situation des approvisionnements;
Administration du territoire;
Organisation et fonctionnement des commandements d'étapes;
Organisation des convois éventuels;
Ravitaillements quotidiens et éventuels;
Relations avec les services en ce qui concerne le fonctionnement de l'arrière;
Service des renseignements et affaires politiques.
Le service du quartier général est rattaché au 1er bureau.

2e bureau.

Le 2e bureau est chargé des questions suivantes :
Ordres d'opérations, mouvements, stationnement;
Situations d'emplacement;
Journal des marches et opérations;
Relations avec les services en ce qui concerne le service de l'avant.

TABLEAU RÉCAPITULATIF

ET RÉPARTITION DES PERSONNELS DES COMMANDEMENTS D'ÉTAPES ET DES SERVICES D'ÉTAPES

Le présent tableau a pour objet d'indiquer dans son ensemble comment, d'une manière générale, peuvent être répartis, entre les divers commandements d'étapes, les personnels des divers services.

Les effectifs qui figurent sur ce tableau ne sont donnés qu'à titre d'indication; ils doivent être augmentés ou diminués, dans chaque cas particulier, en tenant compte du rôle et de l'importance du commandement d'étapes.

COMMANDEMENTS D'ÉTAPES.	COMMANDANTS D'ÉTAPES et adjoints(a).	GÉNIE.	INTENDANCE.	PRÉVÔTÉ.	TRÉSORERIE ET POSTES.	ARTILLERIE.	TROUPES D'ÉTAPES (b).	SERVICE de SANTÉ.	SERVICE de la TÉLÉGRAPHIE militaire.	OBSERVATIONS.
1	2	3	4	5	6	7	8	9	10	11
Commandement d'étapes de gare régulatrice. (A)	10 à 14 officiers.	1 chefferie (1 ou 2 officiers d'administration du génie).	2 fonctionnaires de l'intendance. 2 (ou 4) officiers d'administration des bureaux de l'intendance et de l'habillement et du campement. 2 à 5 officiers d'administration des subsistances militaires.	8 à 15 gendarmes.	6 à 9 agents supérieurs et agents. 9 à 12 sous-agents.	Echelon de gare régulatrice.	De 4 à 8 compagnies d'infanterie. Eventuellement 1 peloton de cavalerie. De 25 à 150 commis et ouvriers milit. d'administration.	Une infirmerie d'étapes 1 ou plusieurs hôpitaux (ou sections d'hôpital) d'évacuation.		(A) Les effectifs maxima des colonnes 2, 4, 5, 6 et 8 correspondent au cas où, l'armée étant desservie par les voies ferrées, le service des gares de ravitaillement est assuré par le personnel du commandement d'étapes de gare régulatrice.
Commandement d'étapes d'origine d'étapes. (c)	2 à 3 officiers.	1 chefferie 1 (ou 2 officiers, 2 ou 3 officiers d'administration).	1 (ou 2) fonctionnaires de l'intendance. 1 (ou 2) officiers d'administration des bureaux. 2 ou 3 officiers d'administration des subsistances.	5 à 10 gendarmes	3 à 5 agents supérieurs et agents. 3 à 6 sous-agents	Un détachement de l'échelon de gare régulatrice	2 à 4 compagnies d'infanterie. Eventuellement 1 peloton de cavalerie. 50 à 100 commis et ouvriers militaires d'administration.	Id.	Les bureaux d'étapes sont organisés (territoire national) avec les ressources existantes et renforcés, au besoin, par du personnel détaché des sections techniques de télégraphie. En territoire ennemi, le personnel des bureaux sera constitué avec le personnel des sections précitées.	(B) A chaque officier (porté dans la colonne 2) correspond un groupe de 4 à 7 hommes de troupe (ordonnances, secrétaires, cadres du train, etc.).
Commandement d'étapes de têtes d'étapes. (c)	10 à 14 officiers.	1 (ou 2) officiers, 2 ou 3 officiers d'administration	2 (ou 1) fonctionnaires de l'intendance. 2 ou 3 officiers d'administration des bureaux. 3 à 5 officiers d'administration des subsistances.	5 à 12 gendarmes	3 à 6 agents supérieurs et agents. 4 à 8 sous-agents.	»	2 à 4 compagnies d'infanterie. 1 à 2 pelotons de cavalerie. 50 à 100 commis et ouvriers militaires d'administration.	1 ou plusieurs hôpitaux d'évacuation ou sections d'hôpital d'évacuation.		(c) Les effectifs varient suivant qu'il est organisé une ou deux routes d'étapes et que, par suite, il y a 1 ou 2 têtes d'étapes et 1 ou plusieurs origines d'étapes.
Commandement d'arrondissement ou de gîte principal d'étapes.	2 à 3 officiers.	Eventuellement 1 chefferie (1 officier, 1 ou 2 officiers d'administration).	Eventuellement : 1 fonctionnaire de l'intendance. 1 officier d'administration des bureaux. 1 ou 2 officiers d'administration des subsistances.	3 à 5 gendarmes	3 ou 4 agents 3 ou 4 sous-agents	Eventuellement petit détachement de l'échelon de gare régulatrice.	1 à 2 compagnies d'infanterie. éventuellement 1 peloton de cavalerie. Un petit détachement d'ouvriers d'administration.	Une infirmerie d'étapes, éventuellement un hôpital ou hospice du pays ou hôpital auxiliaire.		(D) Indépendamment des troupes d'infanterie et de cavalerie portées dans cette colonne, les troupes d'étapes peuvent comprendre des unités d'artillerie, du génie et du train des équipages.
Commandement d'étapes (gîte ordinaire).	1 (ou 2) officiers	Eventuellement 1 officier d'administration	Eventuellement 1 officier d'administration des subsistances.	Eventuellement 2 à 4 gendarmes.	Eventuellement 2 agents, 1 ou 2 s.-agents.		1/4 à 1 compagnie d'infanterie.	Id.		

Commandement d'étapes de champ de bataille (art. 70).	La composition du commandement d'étapes, organisé pour l'occupation d'un champ de bataille, est essentiellement variable; ce commandement comprend notamment, indépendamment, du commandant d'étapes et de ses adjoints, des personnels des services de l'artillerie, de santé, prévôté, etc.., un ou plusieurs bataillons d'infanterie, un ou plusieurs escadrons de cavalerie.

Désignation des officiers de l'état civil dans les diverses formations de guerre relevant normalement ou temporairement du service des étapes (1).

ÉLÉMENTS CONSTITUTIFS DES FORMATIONS.	OFFICIERS OU FONCTIONNAIRES chargés de la tenue des registres de l'état civil.	AUTORITÉS QUALIFIÉES POUR coter et parapher les registres.
Personnel militaire (1) de la direction des étapes et des services. (Etat-major et services. Prévôté comprise)....................	Un des sous-intendants attachés au service de l'intendance de la direction des étapes et des services..........	Chef d'état-major de la direction des étapes et des services.
Personnel non militaire de la Direction des étapes et des services (2).	Prévôt...............	
Commandements d'étapes.	Pour tous les personnels qui ne relèvent pas d'un corps, détachement ou formation pourvu d'un officier de l'état civil, ces fonctions sont remplies par le sous-intendant militaire ou, à défaut, par le commandant d'étapes dans la circonscription duquel ils se trouvent.	Chef d'état-major de la direction des étapes et des services.
Régiment d'infanterie.............	Trésorier ou off.-payeur.	
Bataillon détaché.............	Officier commandant....	
Compagnie détachée............	Officier commandant....	
Régiment de cavalerie..........	Trésorier ou off.-payeur.	
Escadron ou peloton détaché.....	Officier commandant...	
Batterie isolée (artillerie de campagne).......................	Officier commandant ...	Le commandant du corps (ou, à défaut, le chef d'état-major de la direction des étapes et des services).
Parc d'artillerie (Détachement d'ouvriers et section de parc)...	Officier commandant le parc.................	
Batterie détachée d'artillerie à pied.	Officier commandant ...	
Etat-major de parc du génie et détachements divers...........	Officier commandant la compagnie marchant avec le parc...........	
Compagnie du génie............	Officier commandant ...	
Compagnie de sapeurs de chemins de fer.......................	Officier commandant ...	
Compagnie de douaniers........	Officier commandant ...	
Compagnie de chasseurs forestiers.	Officier commandant ...	Chef d'état-major de l'armée (ou de la direction des étapes et des services).
Section de télégraphie..........	Commandant de la section..............	
Section de chemins de fer de campagne.....................	Commandant de la section..............	
Formations sanitaires (3) (ambulances, hôpitaux de campagne, d'évacuation, etc.)..........	Officier d'administration.	Médecin-chef.
Personnes non militaires employées à la suite des armées (2).......	Prévôt...............	Chef d'état-major de la direction des étapes et des services.
Prisonniers de guerre...........		

(1) Voir les observations à la page suivante.

OBSERVATIONS.

(1) On doit considérer comme militaires les personnels de la trésorerie et des postes, des sections techniques de télégraphie, des compagnies de douaniers, de chasseurs forestiers, des sections de chemins de fer, et, en général, de tous les corps spéciaux dont la formation est autorisée par l'article 8 de la loi du 24 juillet 1873.

(2) Il faut entendre par personnel ou personnes non militaires tous les individus employés à la suite de l'armée (domestiques, secrétaires, conducteurs, etc...). (Voir art. 126.)

(3) Sont considérés comme formations sanitaires :

1° Hôpital de campagne;
2° Hôpital ou section d'hôpital d'évacuation;
3° Train sanitaire d'évacuation;
4° Convoi d'évacuation de malades ou blessés;
5° Hôpital auxiliaire de campagne administré par une société d'assistance;
6° Infirmerie de gare ou d'étapes de la zone des armées dirigée par le service de santé militaire.

Ne sont pas considérés comme formations sanitaires :

1° Les groupes de blessés, malades ou éclopés marchant à la suite des régiments;
2° Les dépôts de convalescents et éclopés;
3° Les hôpitaux auxiliaires du territoire;
4° Les infirmeries de gare hors de la zone des armées;
5° Les hôpitaux et hospices permanents régis par les autorités locales.

Dans les hôpitaux auxiliaires gérés par des personnels civils (société d'assistance, etc.), les fonctions d'officier de l'état civil sont remplies par le sous-intendant militaire ou, à défaut, par le commandant d'étapes dans le ressort duquel fonctionne l'hôpital.

OBSERVATION GÉNÉRALE.

Si l'événement devant donner lieu à la rédaction de l'état civil se passe à une distance telle que les témoins soient dans l'impossibilité de se rendre auprès de l'officier compétent, l'acte sera reçu par l'officier de l'état civil le plus rapproché. Si aucun officier de l'état civil n'est à portée, procès-verbal de la déclaration des témoins sera dressé par le fonctionnaire de l'intendance et, à défaut, par l'officier le plus élevé en grade présent sur les lieux.

<table>
<tr><td>

ARMÉE.

DIRECTION DES ÉTAPES
ET DES SERVICES.

</td><td>

MODÈLE N° 1.

Article 17.

</td></tr>
</table>

BULLETIN D'EMPLACEMENTS

des principaux éléments du service des étapes à la date du (1)

DÉSIGNATION DES ÉLÉMENTS.	EMPLACEMENTS.	OBSERVATIONS.
Quartier général du directeur des étapes et des services............		
Commandement d'étapes de gare régulatrice....................		
Commandements d'étapes....... {		
Réserve des personnels d'étapes..		
Réserve des troupes d'étapes......		
Dépôts .... { de convalescents et éclopés.... de chevaux malades		
Grand parc d'artillerie d'armée. { Echelon sur route....... En-cas mobiles.		
Parc du génie d'armée............		
Convois administratifs d'armée....		
Boulangerie d'armée		
Parc de bétail d'armée............		
Hôpitaux de campagne d'armée...		
Hôpitaux d'évacuation......... {		
Section technique de télégraphie..		
....		

(1) Ce bulletin est établi, chaque jour, pour la journée du lendemain.

A   , le   19

Le directeur des étapes
et des services.

° ARMÉE.

DIRECTION DES ÉTAPES
ET DES SERVICES.

ÉTAT RÉCAPITULATIF SOMMAIRE

*du matériel et des approvisionnements à la date du
11 h. 59 soir.*

MODÈLE N° 2.

Article 17.

Organes d'armée.	VIVRES (1).			Autres denrees.			MUNITIONS (2).			MATÉRIEL. (Ne porter dans cette colonne que l'indication « des manquants » en matériel des divers services et seulement lorsque ces manquants sont importants et concernent du matériel qu'on ne peut pas se procurer sur place ou à bref délai ; par exemple : canons de 75, tubes à hydrogène, appareils Bréchot, Ameline, etc.)	OBSERVA- TIONS.
	Pain.	Petits vivres, lard et avoine	Bétail.				Cartouches 1886.	Coups de 75.	Coups d'artillerie lourde.		
Station-magasin de.}											
Commandement d'étapes de gare régulatrice..........											
Commandement d'é- tapes de.........											
Échelon sur route du grand parc d'artillerie (3)............											
Parc du génie d'armée (4)........											
Convois administratifs d'armée.											
Parc de bétail d'armée........											
Boulangerie d'armée (5).......											
Hôpitaux de campagne d'ar- mée (4)............											
Hôpitaux d'évacuation (4) (y compris le matériel des trains sanitaires rattachés aux hôpi- taux d'évacuation).											

(1) Indiquer les existants en jours, non compris les approvisionnements portés sur le train journalier, chargé ou en chargement pour le lendemain.
(2) Indiquer les existants en nombre de coups.
(3) Ne remplir que les colonnes « Munitions » et « Matériel ».
(4) Ne remplir que la colonne « Matériel », s'il y a lieu.
(5) Lorsque cet organe n'est pas rattaché à un commandement d'étapes.

À , le 19

Le Général Directeur des étapes et des services,

e ARMÉE.

COMMANDEMENT D'ÉTAPES

MODÈLE Nº 3.

—

DIRECTION DES ÉTAPES
ET DES SERVICES.

de

Article 61.

(1) Indiquer la période
à laquelle se rapporte le
présent feuillet, les journées étant décomptées de
minuit à minuit. (Voir
l'observation au verso.)
(2) Voie de fer ou voie
de terre.

JOURNAL D'OPÉRATIONS.

Service du   au   19 (1).

DÉSIGNATION des corps ou détachements.	NOM ET GRADE du commandant.	EMPLACE- MENT.	EFFECTIF.				OBSERVA- TIONS.
			Offi- ciers.	Trou- pe.	Che- vaux.	Voi- tures.	
Troupes de garnison dans le commandement.							
Troupes faisant séjour dans le commandement.							

DÉSIGNATION des corps ou détache- ments.	NOM ET GRADE du comman- dant.	LIEU de prove- nance ou de destination.	MODE de trans- port (2).	EFFECTIF.				OBSERVA- TIONS.
				Offi- ciers.	Trou- pe.	Che- vaux.	Voitu- res.	
Troupes arrivées dans le commandement.								
Troupes parties du commandement.								

(5) Lorsque cet organe n'est pas rattaché à un commandement d'étapes.

ORDRES REÇUS	SUITE DONNÉE AUX ORDRES REÇUS

INCIDENTS A SIGNALER :

OBSERVATIONS

Le présent modèle est utilisé :

1° Comme feuillet quotidien du journal d'opérations ;

2° Pour les rapports périodiques. Si des pièces sont jointes au rapport, on les mentionne ci-dessous.

A   , le   19

Le Commandant d'étapes,

<table>
<tr><td>

ARMÉE.

—

DIRECTION DES ÉTAPES
ET DES SERVICES

</td><td>

MODÈLE N° 4.

—

Article 57.

</td></tr>
</table>

COMMANDEMENT D'ÉTAPES D

———

BILLET DE LOGEMENT

———

(1)

logera :   Général.

Officier supérieur.

Officiers.

Sous-officiers.

Hommes.

Chevaux.

Voitures.

A   , le   19

Le Commandant d'étapes.

(1) Nom de la commune, ou nom et prénoms du logeur, avec indication de la rue et du numéro de la maison, s'il y a lieu.

DEPARTEMENT

D —

COMMUNE

d ——

e ARMÉE

DIRECTION DES ÉTAPES
ET DES SERVICES

MODÈLE Nº 5.

Article 58.

(1) Indiquer le grade.
(2) Biffer l'un ou l'autre des deux mots selon le cas.
(3) De la compagnie, l'escadron, la batterie, la section ou détachement, selon le cas, ou le commandant d'étapes.

e régiment

d ——

e bataillon
ou
e escadron.

e compagnie.
e batterie
ou
e section.

CERTIFICAT

de demi-journées de nourriture.

Le (1) soussigné certifie que l'effectif indiqué ci-après a été nourri pendant la demi-journée (matin ou soir) (2),

Savoir :

	Hommes.	Chevaux.
Par M.		
Par M.		
Par M.		
Totaux......		

Représentant demi-journées de nourriture d'hommes
et demi-journées de nourriture de chevaux.

A , le 19 .

Le Commandant d (3)

Nota. — L'officier d'approvisionnement établit, au moyen de certificats partiels, une facture collective pour chaque service (vivres, fourrages), comprenant le nombre de demi-journées de nourriture fournies aux hommes et aux chevaux.

<table>
<tr><td>

° ARMÉE

—

DIRECTION DES ÉTAPES
ET DES SERVICES

</td><td>

MODÈLE N° 6.

—

Article 58.

</td></tr>
</table>

COMMANDEMENT D'ÉTAPES D

Désignation du corps
ou de la classe.

Nom, grade et corps du chef
de détachement (¹).

Bon de (²)   *pour la journée du*

NATURE DES DENRÉES	NOMBRE de RATIONS	QUOTITÉ de la RATION	POIDS	OBSERVA-TIONS

A   , ls   19 ,

Le Chef de corps ou Commandant de détachement,

VU, BON A DÉLIVRER :

(Numéro d'enregistrement   .)

Le Sous-Intendant militaire,

ou

Le Commandant d'étapes suppléant,

(1) Les militaires d'un même corps voyageant ensemble, et au nombre de six au moins, forment détachement.

Les isolés appartenant à des corps différents peuvent, soit qu'ils stationnent dans le commandement d'étapes soit qu'ils voyagent réunis, percevoir leurs prestations sur les bons collectifs modèle n° 6 établis par le chef de détachement, que désigne au besoin le commandant d'étapes. Sur le verso du bon, on mentionne alors les parties prenantes individuelles et le nombre de rations revenant à chacune d'elles.

(2) Vivres, fourrages, chauffage (bons distincts par service).

*Détail des parties prenantes comprises sur le bon,
lorsqu'il est collectif.*

NOMS	GRADES	CORPS ou SERVICE	NOMBRE de RATIONS	OBSERVATIONS

<table>
<tr><td>ARMÉE
—
DIRECTION DES ÉTAPES
ET DES SERVICES</td><td>TRANSPORTS
ÉVENTUELS
—</td><td>MODÈLE N° 7.
—
Article 178.</td></tr>
</table>

CARNET DE TRANSPORTS D'UN CHEF DE CONVOI.

M. (1)

Chef du convoi n° , *au commandement d'étapes de* (2)
service d (3)

Le présent carnet a été coté et paraphé par nous
sous-intendant militaire.

A , le 19 .

Le Sous-Intendant militaire,

OBSERVATIONS.

Ce carnet est fourni à tout chef de convoi par les soins du comptable de transports éventuels.

Chaque carnet est personnel au chef de convoi y désigne. Lorsqu'un chef de convoi cesse son service ou lorsqu'il cesse de ressortir au commandement d'étapes qui l'a institué, il arrête son carnet et le fait parvenir au sous-intendant militaire du ressort.

(1) Nom, grade et emploi.
(2) Indiquer le commandement d'étapes.
(3) Service auquel a été affecté le convoi éventuel.

AU DÉPART.

DATE de chaque expédition.	LIEU DE DÉPART.	NATURE, POIDS NET, nombre des objets remis par l'expéditeur.	NOMBRE de voitures.	SIGNATURE de l'expéditeur.

A L'ARRIVÉE.

DATE d'arrivée à destination.	LIEU de DESTINATION.	NATURE, POIDS NET, nombre des objets remis au destinataire.	NOMBRE de voitures.	SIGNATURE du DESTINATAIRE.	ÉVÉNEMENTS DE ROUTE.

• ARMÉE.

—

DIRECTION
DES ÉTAPES.

(1) Nom, grade et emploi.

MODÈLE N° 8.

—

Article 484.

CONTROLE MENSUEL

DES ÉQUIPAGES DE RÉQUISITION.

Mois d

Commandement d'étapes de

M. (1)
chef de convoi.

M. (1)
délégué du comptable des transports.

Au premier jour de chaque mois, on reporte sur le présent contrôle les équipages en service au dernier jour du mois précédent et qui continuent à être employés. Ils sont mentionnés par la lettre E (existant) dans la colonne 7 du présent contrôle.

NUMÉRO DES CONTRÔLES.	NOMS DES		NOMS DES		NOMBRE DE CHEVAUX DE L'ÉQUIPAGE.	MUTATIONS.		
	DÉPARTE-MENTS.	COM-MUNES.	PROPRIÉ-TAIRES.	CONDUC-TEURS.		DATE de l'incorpo-ration.	LICENCIEMENT.	
							Date de la cessation du service.	Nombre de jours de retour.

1° Voitures

2° Attelages sans

SERVICE auquel les équipages ont été employés.	DÉCOMPTE DES JOURNÉES.						ESTIMA-TION (quand il y a lieu) de l'équi-page.	OBSERVA-TIONS.
	Réquisitions journalières (dites de cantonnement).		Réquisitions temporaires.					
	Demi-journées de loyer.	Journées entières de loyer.	Solde des conduc-teurs.	Vi-vres.	Four-rages.	Loyer de l'équi-page.		
attelées.								
Totaux........								
voitures.								
Totaux........								

ARRÊTÉ MENSUEL.

Le (2)
pour le mois de
, chef de convoi, certifie le présent contrôle
aux nombres ci-dessous :

	TOTAL DES JOURNÉES (1).	
	VOITURES attelées.	ATTELAGES sans voitures.
Réquisitions journalières. { Demi-journées de loyer..............		
Journées de loyer..............		
Réquisitions temporaires. { Journées de loyer..............		
— de vivres..............		
— de fourrages..............		
— de loyer..............		

A   , le   19 .

Le Chef du convoi,

*ÉTAT comparatif des journées de solde
aux conducteurs.*

DATE DES FEUILLES DE PRÊT.	NOMBRE de JOURNÉES.	DÉ-COMPTE.
Il a été payé (débit) : { 1re..............		
2e..............		
3e..............		
4e..............		
5e..............		
6e..............		
TOTAUX..............		
Il est alloué (crédit), d'après le contrôle.		
Il a été payé { en plus.........		
en moins........		
Différences......		

Vu :

Le Sous-Intendant militaire,

Arrêté aux chiffres ci-dessus.

A   , le   19 .

*Le Comptable des transports
éventuels des étapes,*

Vu :

*Le Directeur de l'Intendance
des étapes,*

Vérifié par nous (2)   , délégué
du comptable des transports éventuels à
Le   19 .

(1) En toutes lettres.
(2) Nom, grade et emploi.

ARMÉE

—

DIRECTION DES ÉTAPES
ET DES SERVICES

COMMANDEMENT

D'ÉTAPES DE

MODÈLE N° 9.

—

Article 186.

M.   , chef de convoi.

———

CARNET A SOUCHE DES CERTIFICATS DE SERVICE.

———

Le présent carnet à souche contenant   feuillets, a été coté et paraphé par nous   , sous-intendant militaire de

A   , le   19 .

Le Sous-Intendant militaire,

<table>
<tr><td>

N[•] de la souche

N[•]

</td><td>

Transports éventuels.

</td><td>

• ARMÉE.

—

DIRECTION
DES ETAPES.

N°

SERVICE DES TRANSPORTS
ÉVENTUELS.

—

CERTIFICAT DE SERVICE.

Le soussigné (1)
chef de convoi au commandement d'étapes de
affecté au service d
certifie le service fait ci-après (voir au verso).

Si ce service donne lieu à payement du prix de loyer au compte de l'administration de la guerre, le remboursement sera effectué aux intéressés, conformément aux règlements en vigueur, sur le vu du présent certificat.

Pour toutes les journées de service ou de retour d'un service fait à titre de réquisition temporaire, l'administration de la guerre a payé une solde journalière au conducteur, auquel elle a de plus assuré vivres et fourrages.

Il n'a été ni payé de solde, ni alloué de vivres ou fourrages pour les réquisitions journalières dites de cantonnement.

Lorsque l'équipage est perdu ou endommagé du fait du service, un certificat spécial est délivré par le chef de convoi au conducteur.

(1) Nom, grade et corps.

</td></tr>
</table>

(Même texte que ci-dessus, chaque page contenant deux exemplaires du certificat de service.)

Numéros
aux
contrôles mensuels. { Mois de
Mois de

MODÈLE N° 9 *bis*.

—

DÉPARTEMENT D
COMMUNE D

—

Numéros
aux
contrôles mensuels.

—

Mois d
N°

Mois d
N°

—

·Noms du { propriétaire :
conducteur :
Nombre de chevaux de l'équipage..................
Mutations.. { Date de l'incorporation..................
Licenciement .... { Date de la cessation du service.......
Nombre de jours de retour..........
Nombre de journées de service (en toutes lettres). { Réquisitions journalières (dites de cantonnement). { Journées entières...
Demi-journées......
Réquisitions temporaires.............

A   , le   49 .

Le *Chef de convoi,*

Vᴜ :
Le Sous-Intendant militaire,

Nombre
de
journées de service.

—

Jour- { Demi :
nalières. { Entières :
Temporaires :

(Même texte que ci-dessus, chaque page contenant deux
exemplaires du certificat de service.)

(1) Nom, prénoms, grade et corps.
(2) Désignation du convoi.
(3) Sous-intendant, commandant de l'artillerie, chef du génie, médecin-chef, etc.
(4) Incidents de route, causes et importance des pertes, avaries, retards.

COMMANDEMENT D'ÉTAPES D
(Point de départ.)

SERVICE DE
(Artillerie, génie, intendance, etc...)

MODÈLE Nº 10.

Article 180.

CONSIGNE DE CONVOYEUR MILITAIRE

(Voie de terre et voie navigable.)

Le nommé (1)   , partira de
le   pour se rendre à
Il marchera avec le convoi (2)   qui arrivera le
à la destination ci-dessus.

NUMÉROS des FACTURES militaires d'expédition.	INDICATION des VOITURES sur lesquelles le matériel est chargé.	MATÉRIEL EXPÉDIÉ dans chaque voiture.		DESTINATAIRE.	OBSERVATIONS. (Nature des pièces remises au convoyeur militaire, etc...)
		Désignation sommaire du matériel	Quantités.		

Vu :   A   , le   49
Le Convoyeur militaire,   Le (3)   Le Comptable,

Observations du convoyeur militaire pendant la route.   (4)   A   , le
          Le Convoyeur militaire,

Reçu provisoire et, s'il y a lieu, observations du destinataire ou de son représentant.   Je certifie avoir reçu le matériel ci-dessus en bon état extérieur, sous réserve des observations ci-après :   A   , le
          Le Destinataire,

Instruction générale concernant les convoyeurs militaires
(voie de terre et voie navigable).

Le convoyeur ne relève, pendant la route, que du chef du convoi avec lequel il marche.

Il est tenu, pendant l'accomplissement de sa mission, à l'observation des règles intérieures de police auxquelles le personnel du convoi est astreint.

Il assiste au chargement des voitures au départ. Avant le départ du convoi de chaque gîte et à chaque arrêt important, il signale, s'il y a lieu, au chef de convoi les défectuosités dans le chargement des voitures. En principe, il prend place sur l'une des dernières voitures.

En cas d'accident ou d'incident en cours de route, il donne, s'il y a lieu, au chef du convoi les indications nécessaires sur la nature et l'importance du chargement des voitures; autant que possible, le chef du convoi en tient compte dans le choix des mesures qu'il prend.

Dès l'arrivée à destination, il prévient le comptable destinataire de l'arrivée du matériel avec lequel il a voyagé, lui remet les pièces dont il est porteur et assiste au déchargement et à la livraison du matériel à ce comptable ou son représentant.

Il rejoint son poste immédiatement après avoir fait signer le reçu provisoire au recto de la présente consigne et après que le matériel qu'il doit rapporter, si cela lui a été prescrit, a été chargé sur voiture. Il prend, pour le retour, les ordres du chef de service et du commandant d'étapes en se conformant, s'il y a lieu, aux prescriptions spéciales ci-contre.

Dès son retour, il rend compte de sa mission au comptable expéditeur en lui remettant la présente consigne.

PRESCRIPTIONS SPÉCIALES POUR LE RETOUR

INSTRUCTIONS PARTICULIÈRES

TABLE DES MATIÈRES

TITRE V

SERVICE DES ÉTAPES

CHAPITRE Iᵉʳ.

PERSONNELS, ORGANES ET APPROVISIONNEMENTS MIS A LA DISPOSITION DU DIRECTEUR DES ÉTAPES ET DES SERVICES.

CHAPITRE II.

ORGANISATION DU SERVICE DANS LA ZONE D'ÉTAPES.

CHAPITRE III.

COMMANDEMENTS D'ÉTAPES.

I. — Dispositions communes à tous les commandements d'étapes.

TITRE VI

ORGANISATION ET ROLE DES DIFFÉRENTS SERVICES D'ÉTAPES

CHAPITRE Ier.

GÉNÉRALITÉS.

CHAPITRE II.

SERVICE DE L'ARTILLERIE.

CHAPITRE III.

SERVICE DU GÉNIE.

CHAPITRE IV.

SERVICE DE LA TÉLÉGRAPHIE.

CHAPITRE V.

SERVICE DE L'INTENDANCE.

CHAPITRE VI.

SERVICE DE SANTÉ.

CHAPITRE VII.

SERVICE DE LA PRÉVÔTÉ.

CHAPITRE VIII.

SERVICE VÉTÉRINAIRE.

CHAPITRE IX.

SERVICE DE LA TRÉSORERIE ET DES POSTES.

TITRE VII

RAVITAILLEMENTS ET ÉVACUATIONS

CHAPITRE Ier.

RAVITAILLEMENTS ET ÉVACUATIONS EN GÉNÉRAL.

TITRE VIII

UTILISATION DES VOIES NAVIGABLES

TITRE IX

CONVOIS

TITRE X

COMMANDEMENTS TERRITORIAUX PARTICULIERS

TABLE DES ANNEXES ET MODÈLES

ANNEXES

MODÈLES

TABLES

TABLE CHRONOLOGIQUE

TABLE ALPHABÉTIQUE

A

C

H

I

J

L

M

O

P

R

S

T

MARC IMHAUS et RENÉ CHAPELOT, imprimeurs, Nancy et Paris.

A LA MÊME LIBRAIRIE

La baïonnette, par le capitaine Serge NIDVINE. 1907, in-8............ 60 c.

De l'escrime à la baïonnette, ou instruction pour l'emploi du fusil d'infanterie comme arme d'attaque et de défense, par SELMNITZ, capitaine de l'armée saxonne. Traduit de l'allemand par J.-B.-N. MERJAY, officier de l'armée belge. 1840, in-12 avec 4 planches contenant 12 figures..................... 3 fr.

La section en campagne. *Manuel de guerre à l'usage des cadres de la compagnie,* par le capitaine breveté DE BELLEGARDE, 1912, vol. in-12, relié toile.
 2 fr. 50

L'infanterie à la guerre. *Exercices pour l'étude des règlements,* par le capitaine BALÉDENT. 1911, in-8 avec 3 cartes hors texte . . . . 5 fr

Principes de stratégie. — **Etude sur la conduite des armées,** par le général BERTHAUT. 1881, 1 vol. in-8 avec atlas de 32 cartes ou plans. 20 fr.

Étude sur le règlement de manœuvres du 3 décembre 1904, par le commandant E. KNOLL, du 1er tirailleurs. 1911. broch. in-8 avec croquis. 50 c.

Service en campagne. *Méthode d'instruction pratique,* par le capitaine CARRON, du 51e régiment d'infanterie. 1911, in-8 avec 3 croquis . . . 1 fr. 50

Instruction de la compagnie dans le service en campagne, par le lieutenant BIÉTRON, du 4e rég. d'infanterie. 1911, in-8 . . . . 1 fr. 50

Le règlement de l'infanterie. *Les manœuvres d'automne et l'arbitrage Méthodes d'instruction et procédés de combat,* par le lieutenant-colonel DE CISSEY, du 16e régiment d'infanterie. 1912, broch. in-8 . . . . 1 fr. 50

Le règlement sur l'instruction du tir de l'infanterie, par le lieutenant-colonel DE CISSEY. 1912, broch. in-8 avec croquis . . . . 60 c.

Le règlement d'infanterie (Combat) expliqué par l'histoire, par le commandant BIZE, de l'état-major du 17e corps d'armée, avec une préface de M le général BONNAL. 1909, 1 vol. in-8 avec 7 cartes en couleurs et 1 carte en noir.
 5 fr.

Études sur le combat. — *Combat antique et combat moderne,* par le colonel ARDANT DU PICQ. Troisième édition. Préface de M. ERNEST JUDET. 1903, 1 vol. in-12 avec un portrait en héliograv. . . . . 3 fr. 50

Stratégie. — Objet; enseignement ; éléments, par A. G., ancien élève de l'École polytechnique. 1894, in-8 . . . . 2 fr.

Nouvelles observations sur l'objet et les éléments de la stratégie, par A. G., ancien élève de l'École polytechnique. 1897, in-8 . . . . . . 2 fr.

De l'utilité et de l'intérêt que présente pour tous les officiers l'étude de la stratégie, par le commandant GODCHOT, major du 158e régiment d'infanterie. 1903, in-8 . . . . 50 c